HEYNE‹

Roger-Pol Droit

Was Sachen mit uns machen

Philosophische Erfahrungen mit Alltagsdingen

Aus dem Französischen
von Hainer Kober

WILHELM HEYNE VERLAG
MÜNCHEN

Die französische Originalausgabe erschien 2003 unter dem Titel
Dernières nouvelles des choses. Une expérience philosophique
im Verlag Odile Jacob, Paris.

Verlagsgruppe Random House FSC-DEU-0100
Das für dieses Buch verwendete FSC-zertifizierte Papier *München Super*
liefert Mochenwangen.

Taschenbucherstausgabe 10/2006
Copyright © 2005 der deutschsprachigen Ausgabe by
Hoffmann und Campe Verlag, Hamburg
Der Wilhelm Heyne Verlag, München, ist ein Verlag der
Verlagsgruppe Random House GmbH
Printed in Germany 2006
Umschlaggestaltung: Hauptmann und Kompanie Werbeagentur,
München - Zürich
Umschlagillustration: Anja Filler
Druck und Bindung: GGP Media GmbH, Pößneck

ISBN-10: 3-453-60036-3
ISBN-13: 978-3-453-60036-2

www.heyne.de

Inhalt

Wie stehen die Dinge? 15

STAUNEN

Schale 27
Büroklammer 31
Fernbedienung 35
Schlüssel 39
Sonnenbrille 43
Wecker 47
Salzstreuer 51
Schublade 54
Schal 58
Straßenlaterne 62
Heft 64
Heizkessel 68

Fragen 1 71

SUCHEN UND TASTEN

Bett 81
Tür 86
Sandale 89

Gabel	93
Zugfahrkarte	96
Teekanne	99
Computer	102
Schwamm	106
Gefriertruhe	108
Handy	112
Fragen 2	115

AUFREGUNG

Gummistiefel	125
Waschmaschine	128
Grabstein	131
Nagelbohrer	135
Flaschenöffner	138
Anrufbeantworter	141
Einkaufswagen	144
Mülleimer	147
Fotokopierer	151
Schubkarren	154
Sense	157
Statue	160
Fragen 3	163

BERUHIGUNG

Flöte	171
Collier	175
Regenschirm	178
Auto	181
Koffer	184
Fernsehapparat	186
Schleifmaschine	189
Staubsauger	192
Fahrrad	195
Kabel	199
Wasserwaage	202
Tisch	205
Herd	207
Rasierapparat	209
Buch	212
CD	215
Fliegenklatsche	218
Und Sie?	221

Für den Vogel,
in erster Linie

Er versprach ihnen, extra für sie ein winziges philosophisches Buch zu schreiben, das ihnen den letzten Sinn aller Dinge offenbaren würde.

VOLTAIRE, *Mikromegas*

Hinweis an den Leser

Keine Behauptung dieses Buches ernst nehmen? Übertrieben.

Sie *alle* ernst nehmen? Übertrieben.

Rechnen Sie mit der Möglichkeit, dass diese Behauptungen zutreffen *könnten,* und überlegen Sie, welche Konsequenzen daraus zu ziehen sind.

Diese Konsequenzen hängen davon ab, wer Sie sind.

Wie stehen die Dinge?

Er tritt zu mir, reicht mir die Hand und sagt: »Na, wie stehen die Dinge?« Mechanisch antworte ich: »Danke, und Ihnen?« Er macht eine vage Handbewegung. Andere Gäste bedeuten ihm, sich ihnen anzuschließen. Ich kenne ihn nur vom Sehen. Bei gemeinsamen Bekannten laufen wir uns gelegentlich über den Weg, auf Partys wie dieser. Ich weiß nicht, wer er ist.

»Wie stehen die Dinge?« Was hat er damit gemeint? Ein paar Augenblicke später erscheint mir der Satz höchst seltsam. Ich denke, er hat sich nach mir erkundigen wollen. Indes, er hat nicht gefragt: »Wie geht es Ihnen?« Er hat nicht gesagt: »Wie geht's?« Er hat nicht gesagt: »Was machen Sie gerade?« Er hat nicht gefragt: »Wie gehen die Geschäfte?« Er hat nicht gesagt: »Was macht die Familie?« Er hat gesagt, dessen bin ich mir sicher, ich habe es noch im Ohr: »Wie stehen die Dinge?«

Welche Dinge? Wie stehen *welche* Dinge? *Alle* Dinge? Die Dinge *im Allgemeinen*? Nur *bestimmte*? Die Dinge, die mir gehören? Welche? Was soll das heißen? Ich sollte es vergessen. Er wollte einfach guten Tag sagen. Es lohnt nicht, sich den Kopf darüber zu zerbrechen. Themawechsel.

Nein, es gelingt mir nicht. Der Satz kehrt immer wieder. »Wie stehen die Dinge?«, wieder und wieder. Ich trinke noch ein Glas Rotwein, ich unterhalte mich mit ein paar Leuten. Ich küsse eine Freundin, die ich lange nicht gesehen habe, und versuche, mir den Satz aus dem Kopf zu schlagen. Vergeblich. Er ist hartnäckig. Alle Versuche, ihn abzuschütteln, scheitern. Er bleibt und setzt sich fest. Er richtet sich häuslich in meinen Gedanken ein. Ich wehre mich mit allen Kräften, versuche, an anderes zu denken. Er breitet sich aus wie ein Sprung, ein Riss, irritierend, irisierend.

»Wie stehen die Dinge?« … Ja, die Dinge, klar doch, die Dinge … aber wie steht es um sie? Nein, ich weiß nicht, wie es um sie steht. Und überhaupt, haben sie ein eigenes Leben? Was für ein Leben? Es reicht! Die Dinge stehen weder gut noch schlecht. Sie stehen gar nicht. Da gibt's nichts mitzuteilen. Nichts zu sehen. Gehen Sie weiter. Die Dinge sind da. Basta. Sie sind weder gesund noch krank, weder großartig noch hinfällig, weder lebendig noch tot, weder anständig noch schändlich. Sie sind einfach Sachen, Zeugs – Dinge eben. Die Frage ist unsinnig.

Und trotzdem, die Zeit vergeht, die Frage bleibt. Sie teilt sich, vervielfältigt sich. Gelegentlich will mir scheinen, dass ich in eine dunkle Tiefe sehe, eine unbekannte Zone inneren Schweigens. Sie fragen mich, wie die Dinge stehen, und ich bleibe stumm. Ich weiß nicht, wie sie stehen. Das ist normal. Gehört es zu Ihren Gewohnheiten, sich darüber Gedanken zu machen? Wollen Sie wissen, wie es um die Dinge steht? Haben wir Recht oder Unrecht, wenn wir uns nicht damit befassen? Müssten wir uns nicht bemühen? Das ist unsinnig. Trotzdem werde ich den Gedanken nicht los. Ich höre nicht mehr, was man mir sagt, es gelingt mir nicht mehr zu antworten. Die idiotische Frage geht mir ständig im Kopf herum. Ich kann an nichts anderes mehr denken. Ich werde einen Spaziergang durch das Dorf machen, vielleicht auch durch die Felder und Wiesen in der Umgebung.

Die Luft ist mild, niemand auf den Straßen. Es ist schon spät in der Nacht. Während ich am Fluss entlanggehe, stürmen unzählige Fragen auf mich ein. Sie kommen von allen Seiten, vom Erdboden, von den Bäumen, dem Wasser, den Steinen. Sie fallen vom Himmel. Selbst die Luft gebiert Fragen, die ich vor wenigen Augenblicken noch für unmöglich gehalten hätte. Ist die Luft ein Ding? Ist ein Ding notwendigerweise ein fester Körper? Ist es dauerhaft? Welche Dauer muss etwas haben, um als Ding anerkannt zu werden? Würden Sie sagen, ein Hemd ist ein Ding? Und ein Wassertropfen? Eine Seifenblase? Ein Fliegendreck? Gibt es ein einziges Ding, das unermesslich, unendlich, absolut ist, in dem wir leben und das uns alle Augenblicke unendlich viele und vielfältige Aspekte offenbart? Oder gibt es ganz im Gegenteil eine unendliche Vielfalt von Substanzen und Formen, die unterschiedlich, unvergleichlich, separat, immer neu, immer überraschend, unerschöpflich sind?

Je länger ich gehe, desto größer werden die Rätsel, die mich heimsuchen. Plötzlich umgibt mich eine Unzahl von namenlosen Wirklichkeiten, wilden Objekten, Gegenständen, die von den Wörtern nicht mehr beherrscht oder nur noch teilweise bedeckt werden, bruchstückhaft, wie von den Fetzen einer alten Haut, die ausgetrocknet ist und überall Risse zeigt. Was wir als Ding bezeichnen, wird unversehens undurchdringlich. Unverständlich und vielfarbig. Das große Geheimnis der Dinge in ihrer Gesamtheit, die Kakophonie von Präsenzen und Beunruhigungen offenbart sich plötzlich als unbenennbar. Ohne Stimme. Oder habe ich nur keine Ohren? Keinen Kopf mehr? Kein Mittel, sie zu hören? Mit einem Mal komme ich mir blöd und taub vor in einer Welt, in der ein Stimmengewirr von unhörbaren Äußerungen, unverständlichen Herausforderungen und unbekannten Haltungen herrscht. Die Welt ist zugleich geschwätzig und stumm geworden.

Alles bleibt erkennbar, aber ich nehme die Dinge aus einer ungewohnten Entfernung wahr. Die Namen bleiben. Dies hier ist mein Hemd, meine Uhr, das da ein Boot, dort oben der Mond. Aber was besagt das schon? Ist mein Hemd ein Ding wie meine Uhr? Und wie der Mond? Und wie das Boot? Abermals frage ich mich, ob sich hinter diesem einen Wort nicht unzählige und unterschiedliche Universen auftun.

Sprechen wir von Dingen, um ihre grenzenlose Vielfalt zu verbergen? Eine Riesenschublade für alles? Galaxien und Büroklammern, Seifen und Eisenbahnaktien, Schwarze Löcher, Rote Riesen und Socken, Türknöpfe, Düsenflugzeuge, Fotokopierer und Handpflüge. Zum Beispiel und unter anderem.

Unendlich oft wäre hinzuzufügen: »zum Beispiel und unter anderem«. In jedem Winkel drängen und stoßen sich Dinge von gänzlich verschiedener Art und Herkunft. Ich denke an meinen Schreibtisch, wo auf engstem Raum ein Kieselstein, den ich in Sarnath aufgehoben habe, einem kleinen Ort in der Nähe von Benares, wo Buddha zum ersten Mal gepredigt haben soll, Lampen aus Schweden, ein Computer aus Japan, ein Holzbuddha, den ein thailändischer Bauer geschnitzt hat, ein Pariser Pflasterstein und ein von der Straße aufgelesener Nagel, Erinnerungsstücke an den Mai 68, ein Messingwasserhahn aus den zwanziger Jahren des vorigen Jahrhunderts und eine winzige bulgarische Ikone koexistieren: zum Beispiel und unter anderem. Ich zitiere aus dem Gedächtnis. Dinge, die von acht oder zehn verschiedenen Orten stammen, deren jedes auf seine Weise von einem bestimmten Lebensstil und bestimmten menschlichen Universen erzählt – Universen, die nichts miteinander gemein haben.

Ich setze mich auf die Bank am Dorfausgang und versuche, die Horden ungezählter und verschiedenartiger Dinge, die sich in meinem Kopf tummeln, zur Ordnung zu rufen.

Harte Dinge, weiche Dinge. Flüssige Dinge, feste Dinge. Dinge, die dem Körper nahe sind, mit der Haut dauerhaft (Überkleidung, Unterkleidung) oder zeitweilig (Seifen, Handtücher, Taschentücher) in Berührung kommen, und Dinge, die vom Körper entfernt sind. Dinge, die Bewegung hervorrufen, und ruhende Dinge. Klassifiziert nach Größe, Gewicht, Farbe, Herkunft, Beschaffenheit, einfache und zusammengesetzte Dinge, natürliche und künstliche Dinge, handwerklich und industriell gefertigte Dinge, dauerhaft oder flüchtig, leuchtend oder dunkel, Dinge mit und ohne Knopf, einzigartig oder nicht … Keine Klassifikation hat Bestand. Kaum bemüht, erweist sie auch schon ihre Unzulänglichkeit. Sehr rasch kommt alles durcheinander und löst sich auf. Gibt es bei den Dingen keine Familien? Was für Dinge finden sich da Seite an Seite, vom Zufall zusammengewürfelt, in stummer Kakophonie? Überall sehe ich nun Dinge, immer mehr, unaufhörlich, so weit das Auge reicht. Endlose Prozessionen. Unaufhaltsame Vermehrung. Viel zu zahlreich, als dass ich sie berühren, betrachten, verstehen könnte, selbst wenn ich tausend Leben hätte.

Was weiß ich, wie viele Dinge es auf der Welt gibt? Ist eine Galaxie ein Ding? Ein Stern? Ein Molekül? Ein Quark? In dem Versuch, die Überfülle zu bewältigen, beschließe ich, Himmelskörper auszuschließen, die Elementarteilchen nicht zuzulassen, die Atome auszuklammern, die Elemente. Machen wir es uns einfach. Bezeichnen wir als »Dinge« nur

Objekte, die von Menschen hergestellt werden. Lassen wir die Steine außen vor, die Moose, die natürlichen Elemente, die leeren Muscheln. Nur menschliche Erzeugnisse. Vorsätzlich von Menschenhand gestaltet.

Wie viele? Wie viele Dinge dieser Art gibt es insgesamt auf der Erde? Geschätzt natürlich. Ihre genaue Ermittlung, die Volkszählung der Dinge, bräuchte Zeit. Eine hübsche Idee, wie ich finde. Nach einigen Jahren wüsste man dann die genaue Zahl der Trinkhalme in Alaska, der Schuhe in Mauretanien, der Computer in Patagonien, die Zahl der Papierblätter pro Einwohner auf der südlichen Halbkugel, all jene unentbehrlichen Kenntnisse, von denen sich so wunderbar reden lässt an den Abenden traulichen statistischen Gedankenaustauschs. Doch so weit sind wir noch nicht. Im Augenblick will ich nur eine Größenordnung haben. Also, wie viele Dinge gibt es auf der Erde? Nennen Sie eine Zahl, damit wir eine Vorstellung haben …

Denn das wäre doch die Höhe – wissen zu wollen, wie die Dinge stehen, aber noch nicht einmal eine ungefähre Ahnung zu haben, wie viele es sind! Schätzen wir also. Sagen wir, es gibt mindestens sechs Milliarden Menschen. Nehmen wir an, dass die Hälfte von ihnen, die Reichen, im Durchschnitt pro Kopf tausend Dinge besitzen, darunter die Büroklammern, die Türknöpfe und die Stückchen Bindfaden, die man für alle Fälle aufhebt. Nehmen wir weiter an, dass jeder Arme hundert Dinge hat. Das macht im

Durchschnitt 550 Dinge pro Kopf, ein Ergebnis, das plausibel erscheint. Mit sechs Milliarden multipliziert, ergibt das 3300 Milliarden Dinge auf der Erde. Sehr grob geschätzt. Doch wer wollte von sich behaupten, er wisse, wie drei Trillionen dreihundert Milliarden Dinge gerade stehen?

Sie meinen, die Zahl habe nichts mit der Sache zu tun? Philosophen hätten sich nur mit dem Wesen und dem Begriff zu befassen? Die Quantität der konkreten Dinge sei ohne Bedeutung? Ohne Interesse? Es zähle nur die Idee des Dinges, die Meditation über das Ding, seine Analyse, seine Metaphysik? Dabei mache es keinen Unterschied, ob es nur ein Ding gebe, einige Dutzend oder einige Hundert Milliarden? Das sagen die Reinen und Unerbittlichen. Die wahren und wirklichen Philosophen.

Oder ist das alles falsch? Wem könnte man schon weismachen, dass die Erfahrungen der Wirklichkeit keinen Erkenntnisgewinn bringen? Dass ihre Menge gleichgültig, ihre Vielfalt ohne Bedeutung sei? Dass die Vielfalt, die Folgen, Genealogien, die Verzweigungen, Metamorphosen und Anamorphosen null und nichtig seien? Die Dinge können nirgends zu Hause sein als in ihrer absoluten Singularität. Stofflichkeit. In dieser Form. Von dieser und keiner anderen Farbe. Dieser Textur und keiner anderen. Diesem Abnutzungsgrad und keinem anderen. Jedes Ding ist einzigartig.

Müssen wir sie eines um das andere untersuchen? Jedes anschauen als Individuum, das keinem anderen gleicht?

Nicht mehr von Lampen oder Schuhen sprechen, sondern jedem einen eigenen Namen geben, damit er von der unvergleichlichen Existenz der Dinge zeugt? Auf die Gefahr hin, in Zukunft weder denken noch sprechen zu können, weil das Tätigkeiten sind, die immer und notwendig voraussetzen, dass wir die Besonderheiten zu Gunsten der Gemeinsamkeiten vernachlässigen; müssen wir uns, um der grenzenlosen Vielfalt der Dinge gerecht zu werden, in die stumme Anschauung dieses Fensterladens, dieses Kieselsteins, dieses Brettes der Bank versenken?

Habe ich wirklich nur diese Wahl: von den Dingen zu sprechen, ohne sie jemals zu erreichen, oder in ihrer aphasischen Anschauung zu verharren? Auf der einen Seite hieße das, die Dinge durch das Denken zu begreifen, sie aber in ihrer konkreten Einzigartigkeit zu verfehlen. Auf der anderen Seite, die Dinge in der ihnen eigenen Wirklichkeit zu begreifen, in der ganzen Fülle ihres Vorhandenseins, sie aber notgedrungen in ihrer Totalität zu verlieren. Das eine Extrem bedeutet: nur die Idee zu kennen und von ihr anzunehmen, sie umfasse alle Realitäten. Die Folge des anderen Extrems: sich nacheinander mit jeder Realität vertraut zu machen und dabei Gefahr zu laufen, niemals ein Ganzes daraus bilden zu können. Ich bleibe noch lange und betrachte das Mondlicht im Fluss – sowie ein paar Papierschnitzel, die darin treiben.

Ich muss mich davon befreien, darf mich nicht auf die Extreme festlegen lassen. Den Philosophen nicht in die Falle gehen. Nicht mitspielen bei diesem »Alles ist dies« – »Alles ist jenes«. Nicht den einen in die Arme laufen, während ich die anderen fliehe. Lieber den direkten Umweg wählen, wenn möglich. Die Dinge betrachten, sie ins Auge fassen, sie hartnäckig prüfen. Ohne mir aber deshalb zu untersagen, zurückzutreten, sie aus der Ferne zu betrachten, sie zu vergleichen. Ja, das gilt es zu tun.

Zunächst einmal sage ich mir, dass die Dinge zusammengefaltete Diskurse sind. Oder die alten Falten verklungener Äußerungen. Oder die konkreten Rückstände verblasster Wortketten. Ich weiß es nicht genau, aber etwas in dieser Art. Ich male mir aus, die Ideen in einigen der Dinge zu erfassen, die mit unserem Leben verwoben sind, Stunde um Stunde, Geste um Geste.

In dieser späten Nachtstunde beschließe ich, das Experiment zu wagen. Ich werde versuchen, mich den Dingen zu nähern. Sie zu belauschen. Mich in jene unbekannten Zonen zu begeben, wo sie zu Hause sind. Den Forschungsreisenden spielen. Ich weiß nicht, wie ich mich dabei anstellen werde. Auf jeden Fall werde ich meine Beobachtungen regelmäßig zu Papier bringen und während der langen Reise ein Bordtagebuch führen. Es wäre schön, wenn das Experiment recht lange dauern würde. Sagen wir, ein Jahr.

Vielleicht wartet am Ende eine Erkenntnis darüber, wie es um die Dinge tatsächlich steht.

STAUNEN

*Der Himmel über unseren Wünschen
entscheidet nicht über die Dinge.*

CORNEILLE, *Pompée* V, 2

Schale

Zu später Stunde in der Stadt,
eine Nacht Anfang Herbst

Ich weiß nicht einmal mehr, wie spät es ist. Nach einem endlosen Tag ist schon lange die Nacht hereingebrochen. Viel zu viele Worte. Warum sprechen wir so viel? Außerdem beginnt es, kühl zu werden. Der erste Vorgeschmack auf die Herbstnächte. Auf dem Land dürfte die Nacht schwarz sein. Vermutlich ginge man dort, ohne den Weg zu sehen. Ich bekomme Appetit auf eine Zwiebelsuppe, gratiniert, angebrannt. Die Zwiebelsuppe ist ein Überbleibsel. Ein bäuerliches Relikt, das zu einer Touristenattraktion geworden ist. Zum Glück weiß ich, wo ich eine bekomme.

Vor mir steht eine große Schale, dampfend, noch kochend. Duftend, mit einer Kruste versehen, die an der einen Seite braun, fast schwarz ist und an der anderen noch ins Blassgelbe spielt. Doch was mich erreicht, ist nicht die Suppe. Mehr als die Dämpfe, die Düfte und der Dunst des Ofens erreicht mich die Schale. Wuchtig, wie aus den Anfängen der Zeit. Aus der Kindheit und davor. Vorgeschichtlich. Ein konkaves Ding, dazu bestimmt, Flüssigkeiten aufzunehmen, sie am Verrinnen zu hindern. Eine Form, die beruhigt. Auf Anhieb vertraut und verlässlich.

Ich vergesse fast, warum ich hier bin. Was für ein urtümliches, ursprüngliches Objekt. Dieses Ding markiert die Entstehung des Menschlichen. Denn die Menschenaffen hatten Knüppel und Steine, die ihnen als Waffen und Werkzeuge dienten, keine Schalen. Erst mit dem Menschen kamen die Näpfe, die Kalebassen, die Vasen, die Schalen.

Mit der Schale entsteht die Gefäßfunktion, welche in erster Linie eine Beruhigung darstellt. Im allgemeinen Fließen unterbricht das Gefäß das unaufhörliche Verrinnen. Es verhütet die Zerstreuung, beendet das Verströmen und wirkt dem Verlust entgegen. Die Flüssigkeit, ihrer Natur nach bestrebt, zu fliehen und zu schwinden, wird zurückgehalten. Besser als mit den Händen. Dauerhaft. Mühelos.

Die Schale gestattet eine Regulierung der natürlichen Entropie. Eine rhythmische Gliederung dessen, was sich endlos ereignet. Sie stemmt sich der universellen Flucht entgegen, weil sonst »alles fließt«, wie schon Heraklit wusste. Eine kontrollierte, *umkehrbare* Intervention. Ein wichtiger Punkt. Wenn die Schale in gewissem Sinne den ausgehöhlten Stein oder die Wagenspur nachahmt, so lässt sie es doch nicht mit der Imitation bewenden. Sie ist nicht statisch. Sie neigt sich, leert sich. Geht mit den Händen zum Mund. Wie von selbst. Das müssen wir uns nicht erst ins Gedächtnis rufen, um das Vertrauen zu spüren, das die Schale uns einflößt, instinktiv und warm. Körperlich, unmittelbar wahrnehmbar. Die Schale hat fast immer die Größe der Hände und das Volumen des Magens. Wenn das tibetanische Totenbuch als Maß für ein Gebet oder ein Ritual »die Zeit einer Mahlzeit« angibt, so ist genau das gemeint: eine magengerechte Dauer, eine Schale voll Zeit.

Zu unserer Verfügung stehend, nach menschlichem Maß gebildet, eine offene Höhle, ein warmes Gefäß – so ist die Suppenschale zweifellos das mütterlichste und tröstlichste aller Objekte. Es gab gute Gründe, warum die buddhistischen Mönche auf alles bis auf eine Almosenschale verzichteten. Sie diente ihnen in gewisser Weise als Haus. Weil die Schale im Gegensatz zur archaischen Macht des Mütterlichen bar jeder Drohung ist. Ein Schoß, der nichts als konkav, nichts als süß ist und scheinbar jedem Konflikt, jeder Spaltung vorausgeht. Daher ist der Schale etwas Unveränderliches eigen. Die Geschichte kennt sie aus verschiedenen Stoffen – Schalen aus Holz oder aus Terrakotta, aus glasiertem Steingut oder aus Kunststoff, aus Keramik mit dem Vornamen der Kleinen, durchsichtig oder aus Alu für die Bergwanderungen. Aber alle haben sie eine unverkennbare Familienähnlichkeit: Sie sind gemütlich und sanftmütig.

Das ist ein Ding, das seine Stärke der Schwäche verdankt. Ein Ding für bestimmte Zeiten: für den Anfang oder das Ende. Die Schale des Kindes, die Schale des alten Menschen. Schale am Morgen (Tee, Müsli, Milch, Kaffee, Haferbrei),

Schale am Abend (Suppe, Brühe, Kräutertee). Ein Ding, das zugegen ist, wenn das Leben an Tempo und Intensität gewinnt, und das uns begleitet, wenn das Leben abnimmt und verklingt. Zwischenzeitlich, wenn wir mit dem Leben beschäftigt sind, räumen wir sie beiseite und vergessen sie.

Als ich an diesem Abend einschlafe, träume ich von Büchern, die wie Schalen voller Worte sind.

Büroklammer

In einem Zug,
Spätnachmittag

Als ich am Boden meiner Aktentasche nach einem Stift fahnde, stoße ich zufällig auf sie, in einer Rille des Leders. Sie muss von einer Akte gerutscht sein. Wahrscheinlich steckt sie schon lange in diesem Spalt, wo sich immer ein bisschen Staub sammelt, ein Stück zusammengefaltetes Papier, ein Gummiband. Diesmal ist es eine intakte Büroklammer, aus Metall, dünn, trocken und sauber.

Ein Ding, das Sympathie einflößt, zumindest aus meiner Sicht. Ihnen geht das vielleicht anders. Nicht jeder dürfte Sympathie für Büroklammern empfinden. Das ist meine Sicht, es sei noch einmal gesagt. Doch wie sollte ich die Welt anders sehen als aus meiner Sicht? Wissen Sie zum Beispiel, wie es ist, eine Spinne zu sein? Eine Giraffe? Ein Garderobenständer? Ihr Nachbar? Sie glauben es vielleicht. Tatsächlich aber wissen Sie es nicht. Keineswegs. Nicht im Mindesten. Also darf ich wohl durchaus Sympathie für Büroklammern empfinden, ohne dass daraus eine Affäre gemacht wird.

Was an der Büroklammer sympathisch ist? Die raffinierte Biegung? Die Tatsache, dass sie glatt, leicht, sauber ist? Das kleine dreieckige Ende, das so reizvoll ist, weil man versuchen kann, die Zungenspitze hineinzustecken? Die Lust, sie auseinander zu biegen? Der Umstand, dass es sich um ein kleines Ding ohne Bedeutung handelt? In der Familie der »unauffälligen Dinge« votiere ich für die Büroklammer. Sie ist eine Kusine der Stecknadel, aber sehr viel harmloser. Keine Gefahr, dass wir uns stechen. Kein Loch im Papier. Die Büroklammer ruiniert nichts. Sie besitzt weder die Brutalität der Heftklammer noch den aufdringlichen Charakter von Fotoecken und anderen Halterungen.

Die Büroklammer gehört zur Kategorie der unbedeutenden Dinge, die man in der Regel nicht beachtet. Deshalb kann ich sie gut leiden. Sie lässt sich wirklich nicht als Angeberin bezeichnen! Die Büroklammer tut nichts, um die Blicke auf sich zu ziehen. Tatsächlich zieht sie sie nicht auf sich. Niemand wird behaupten, sie sei absolut unentbehrlich. Dennoch leistet sie gute Dienste, tut, was von ihr erwartet wird, im Rahmen ihrer Möglichkeiten, unbeirrbar. Korrekt. Nicht genial, aber korrekt.

In ihrer Bescheidenheit auch aufschlussreich. Nicht jede Epoche und nicht jede Gesellschaft bringt Büroklammern hervor. Um sie zu erzeugen, braucht es Werkzeugmaschinen, die in der Lage sind, einen vollkommen gleichmäßigen Metalldraht zu produzieren, biegsam und widerstandsfähig. Ebenfalls notwendig ist ein Universum aus Dokumenten, aus Papieren, die es zusammenzufügen gilt, eine Welt aus Dienstzimmern, Besprechungen, Akten, Büroangestellten, Bürozubehör, Büromöbeln. Die Geburt der Büroklammer muss Anfang des 20. Jahrhunderts stattgefunden haben. Zweifellos wird es sie nicht ewig geben. Vielleicht werden wir in nicht allzu ferner Zukunft erleben, wie die Büroklammer ausstirbt.

Mit dem Tod der Büroklammer werden wir eine Verkörperung des Eros verloren haben. Dieses kleine Metallstück, das Schriftstücke verbindet und zusammenstellt, lässt in gewisser Weise an das denken, was Freud Eros nennt. Nicht eigentlich die Sexualität, noch weniger die Lust. Eher die Kraft, die zusammenfügt, ohne zu lähmen. Die Macht, welche die Zerstreuung verhindert. Das Leben, das der Entropie widersteht. Auf seine Weise leistet die Büroklammer, metallisch und modest, all das. Sie hält zusammen, wie die Schale, wenn auch ganz anders.

Ich erinnere mich an ein besonderes Gefühl. Vor einiger Zeit habe ich alte Schriftstücke aus meiner Jugend wiedergefunden, die lange in einem feuchten Gebäude auf dem Lande gelegen haben. Im Laufe der Jahre sind die Büroklammern rostig geworden. Wenn ich sie entferne, hinterlassen sie auf dem Papier eine tiefe, braune Spur und auf meinen Fingern harte Körner. Trotzdem haben sie ihren Griff nicht gelockert. Ungeachtet der Jahre und des Rostes haben sie die Stellung gehalten und ihre Aufgabe erfüllt.

Indem sie tut, was zu tun ist, ohne Prahlerei, ohne Auflehnung (ein Aufstand der Büroklammern ist undenkbar), immer in der zweiten Reihe, ohne einen Gedanken an Verschwörungen oder Ehrungen, anonym und nützlich, weder heroisch noch verwegen, aber treu und verlässlich, ist die Büroklammer eine Verkörperung der Ethik.

Fernbedienung

Zu Hause,
spätabends

Für die Jahreszeit ist es erstaunlich warm. Das Wetter übertreibt. Man kann sich zu nichts aufraffen. Keinen klaren Gedanken fassen. Vielleicht eine TV-Infusion ... Die Fernbedienung ist auf dem Sofa liegen geblieben. Sie ist ein seltsames Objekt. Unvorstellbar für frühere Generationen. Unhandlich für alle: dieser kurze Stab aus Plastik, bedeckt mit Knöpfen, ausgestattet mit mehr Funktionen, als sich seine Benutzer merken können.

Dabei wissen Sie, dass sich kein Geheimnis dahinter verbirgt: Das Ding enthält Batterien, aufgedruckte Schaltkreise, Dioden, Drähte, Kabel, das ganze maschinell hergestellte Zeug, in allen Einzelheiten erklärbar und technisch nachvollziehbar. Es wurde entwickelt, erörtert, getestet, hergestellt. Vertrieben, verkauft, mit Garantie versehen. Die Gebrauchsanweisung informiert Sie über die Vielzahl von Funktionstasten und Berührungsfeldern.

Trotzdem bleibt die Fernbedienung ein magisches, übersinnliches Ding, ein Zauberding. Sie zielen, und etwas geht an, geht aus, wechselt den Kanal, die Disk, den Sender, wird lauter, leiser, verstummt, verändert die Reihenfolge, die Helligkeit, die Einstellung. Ohne dass Sie sich erheben, eine Bewegung machen, ohne dass Sie die Knöpfe dort hinten berühren, nicht weit entfernt, aber doch woanders, dort an diesem Kasten. Fernwirkung, absolut wirksam, wie durch reine Willenskraft. Das erinnert an Träume, Zauberei, Teufelswerk, den bösen Blick. Und alles geschieht mit der Plötzlichkeit, in der unsere Gedanken Geister beschwören, mit der schrecklichen Präzision stummer Begierden.

Und gleichzeitig sind wir der Willkür der Fernbedienung ausgesetzt. Denn der Vorgang funktioniert nicht jedes Mal. Sie machen eine Bewegung, drücken ... nichts. Die gleiche Bewegung, haargenau. Und dieses Mal klappt es, das Ding gehorcht. Der endgültige Beweis, dass es sich um Zauberei handelt.

Unter allen elektronischen und postelektronischen Dingen ist die Fernbedienung das archaischste. Sie verbindet uns mit der Zeit, in der der Wille genügte, um die Dinge geschehen zu lassen. Mit jener Urzeit, die, wie die Fernbedienung beweist, nie ganz zu Ende gegangen ist und in der wir glaubten, der Wunsch genüge zu seiner Erfüllung. Kaum haben wir den Gedanken gefasst, ist er schon Wirklichkeit. Die Bösen sind vernichtet, die Unannehmlichkeiten besiegt, das Vergnügen und die Lust unser. Ohne Aufschub. Ohne Umweg. Ohne Mühe. Ohne langes Überlegen. Ohne Einschränkung. Ohne dass wir gezwungen sind, uns zu gedulden oder zu warten. Angst zu haben oder gar zu verzichten.

Wir alle müssen lernen, auf diese Allmacht des Denkens zu verzichten. Das ist ein langwieriges, manchmal mühseliges Unterfangen. Notwendigerweise schwierig, zögerlich und unvollkommen. Erst wenn wir erwachsen oder fast erwachsen sind, haben wir das begriffen. Es ist sogar die Voraussetzung für das, was man Realitätsbezug nennt.

Die Dinge sind das, was unserem Denken Widerstand leistet. Das könnte sogar als minimalistische, aber akzeptable Definition gelten: Als »Dinge« bezeichnen wir Wirklichkeiten, die nicht direkt unserem Willen unterworfen sind. Descartes wusste das: »Mein Denken [legt] den Dingen keine Notwendigkeit auf!« Die Wirklichkeit zwingt dem, der sie verändern will, Umwege auf, Mühe, eine Reihe von Handlungen, die Einschränkungen und Grenzen unterworfen sind.

All das hebt die Fernbedienung auf. Sie lässt uns in jene imaginäre Welt eintauchen, in der Wollen gleich Handeln ist. Dieses Ding überzeugt uns davon, wie Recht wir haben, wenn wir glauben, Herren der Welt zu sein. Wir erkennen, gestützt auf unsere Erfahrung, dass wir in der Lage sind, unsere Wünsche aus der Ferne Wirklichkeit werden zu lassen. Zwar müssen wir auf diesen oder jenen Knopf drücken, also, wenn auch in minimaler Form, handeln, doch ist das kaum ein Akt zu nennen. Der Daumen ist nur die direkte

Verlängerung des Gedankens, die sich in einer kaum merklichen Bewegung der Zustimmung äußert.

Die Fernbedienung hat dort Erfolg, wo sie versagt. Nehmen Sie Ihre Fernbedienung. Versuchen Sie, die Umgebungstemperatur zu senken, sie gegebenenfalls zu erhöhen, lassen Sie es Nacht werden, den Morgen anbrechen, den anderen sich entkleiden, sich rasch bekleiden, die Schränke sich füllen (mit Lebensmitteln, Kleidung, Wäsche, Musik, Seifen und Parfüms). Suchen Sie die Tasten, die den Frieden auf Erden bringen, das Ende aller Not, den allgemeinen Wohlstand, die gegenseitige Achtung, die nachhaltige Entwicklung, die Würde. Das ewige Leben.

Schlüssel

Zu Hause,
eines Morgens

Seit einigen Tagen geschieht nichts mehr mit den Dingen. Sie sind zwar da, aber flach und verschlossen. Verstummt. Ich vermag ihnen nichts zu entlocken. Auch wenn ich sie noch so intensiv fixiere – nichts. Vollkommene Teilnahmslosigkeit. Ich betrachte das Badezimmer. Absolute Pleite. Weder bei den Frotteehandtüchern noch bei der Zahnbürste irgendeine Eingebung. Der Mülleimer verharrt in Indifferenz und kümmert sich so wenig wie Rimbauds trunkenes Schiff um Mann und Ladung. Dieses Forschungsprojekt, die Dinge betreffend, ist undurchführbar. All das ist dumm und schlecht konzipiert. Die einzige vernünftige Lösung: aufgeben, diesen kurzen Wahn beenden.

Als ich gehen will, sind die Schlüssel nicht zu finden. Weder auf dem Schreibtisch noch im Schlafzimmer oder in den Jackentaschen. Warum hätte ich sie in die Küche legen sollen? Wenn das so weitergeht, komme ich zu spät. Ich muss sie unbedingt finden. An die Ersatzschlüssel komme ich nicht heran. Typisches Beispiel für eine Schlüssellist: Der Schlüssel der Schreibtischschublade, in der sich das Ersatzbund befindet, hat sich abgenutzt, daher habe ich gestern einen neuen machen lassen. Törichterweise halte ich die Schublade verschlossen, und der Schubladenschlüssel (alt) nebst dem Nachschlüssel (neu) befindet sich an dem verlegten Schlüsselbund. Sie sehen, wie die Probleme beschaffen sind.

Schließlich entdecke ich das Schlüsselbund auf dem Kamin. Liebevoll und aufmerksam fasse ich es ins Auge. Komisches Ding! Vier Metallenden, Einkerbungen, Rillen, unterteilte Flächen wie eine Grafik, eine Bergkette am Horizont, ein klickendes Ding, ziemlich hässlich, ohne Eleganz. Trotz allem so wichtig, wirkungsvoll, unentbehrlich, Voraussetzung zum Eintreten, Fortgehen, Wohnen, Fahren, Arbeiten, Reisen.

Zunächst einmal der einzelne Schlüssel. Sich verjüngend, rechteckig. Natürlich aus Metall. Kein Schlüssel ist weich oder rasch verderblich. Von einzigartiger Härte und ungeheuer einsam. Stumm und in sich verschlossen. Der Schlüssel besitzt die wichtigsten Merkmale der Macht: rätselhaft, einsam, versessen auf den isolierten Zustand. An sich ohne Sinn und Funktion: Schauen Sie sich einen verlorenen Schlüssel an – nutzlos, bemitleidenswert, ein toter Fisch, ein Stück Metall, Schrott, tote Masse.

Um lebendig zu sein, muss der Schlüssel öffnen oder schließen. Zugang gewähren, entziehen. Egal wozu: einem Haus, einem Safe, einem Schrank, einem Auto, einem

Schreibtisch. Alle Schlüssel, egal ob aus Messing oder Stahl, Eisen oder Aluminium, besitzen diese konzentrierte Macht: Einlass zu gewähren, Verschlossenheit zu bewahren. Sie tragen diese Macht mit sich herum, die Herrschaft über die Tür. Niemand anders kann sie öffnen oder verschließen, es sei denn, er besitzt einen identischen Schlüssel.

Der Schlüssel zum Auto (Motorrad, Motorroller) ist die höchste Verkörperung dieser Macht: Er entriegelt, startet, setzt in Bewegung. In ihm manifestieren sich die Möglichkeiten des Motors, des Reisens, der Geschwindigkeit. Das Automobil ohne Schlüssel ist noch verlassener als ein Schlüssel ohne Schloss: Das Fehlen eines kleinen Stück Metalls verurteilt die ganze Mechanik zur Passivität, Nutzlosigkeit, Ohnmacht.

Plötzlich muss ich an all die Schlüssel denken, die ich erhalten oder fortgegeben habe. Vertrauensbeweise und, falls ohne praktischen Nutzwert, Liebespfänder. Ein Schlüsselbund entgegennehmen, es fortgeben, es zurückgeben oder es zurückfordern, sind das bei uns vielleicht die Erkennungszeichen von Liebesbeziehungen?

Treffender lässt sich feststellen, dass in der Liebe jeder der Schlüssel des anderen ist. Eine Frage der genauen Anpassung, der exakten Konturen. Das hat übrigens nichts mit Komplementarität zu tun. Der Schlüssel ist nicht die Ergänzung des Schlosses. Jener öffnet, setzt in Gang und verleiht diesem die ihm eigene Macht. Jeder Liebende gibt dem anderen sich selbst zurück, verleiht ihm die Fülle dessen, was er erreichen kann. Mit jener rätselhaften Härte, die der Liebe eigen ist.

Entflohene Liebe: die Tür, die verschlossen ist oder sich nicht wieder verschließen lässt. Denkbar aber auch, dass unsere Liebesbeziehungen wie ein Schlüsselbund sind, jeder Schlüssel öffnet oder schließt einer nach dem anderen nicht die Gesamtheit unseres Wesens auf – denn die gibt es nicht –, aber doch diesen oder jenen Teil. Eine Schublade, einen Abschnitt, eine Tür, einen Motor.

Es ist Zeit zu gehen.

Sonnenbrille

Auf der Terrasse eines Cafés,
morgens, in der Stadt

Die Hitzewelle beginnt abzuebben. Seit drei Tagen folgt fast ununterbrochen ein heftiges Gewitter auf das andere. Heute Morgen hat die Hitze deutlich nachgelassen, doch der Tag ist von einer fast beunruhigenden Helligkeit, der Himmel von ungetrübter Klarheit. Die Regenfälle haben alles gereinigt. Bis ins Herz des Lichtes. Kein Staubkörnchen am Horizont. Nur helles, blendendes Licht, kein Anflug von Dunst. Es ist selten, dass man solche Sicht hat. So selten, dass sie uns in den Augenblicken, da sie sich einstellt, nach jener Trübung greifen lässt, gegen die wir uns gewöhnlich wehren.

Ich trage selten eine Sonnenbrille, außer im Süden und im Hochsommer. Doch heute Morgen lässt es sich nicht vermeiden, wenn ich auf der Terrasse einen Kaffee trinken und die Zeitung lesen will. Im Spiegelbild der Fensterscheiben sehe ich mit meinen Augen, dass ich meine Augen nicht mehr sehe. In dieser Unterschlagung, dieser winzigen, aber absoluten Verheimlichung liegt die besondere Macht der dunklen Brille. Das könnte erklären, warum dieses Ding immer als elegant gilt. Es ist ein seltener Fall: In der ganzen Welt verbreitet, von allen Gesellschaftsschichten benutzt, in gleicher Weise von allen Generationen getragen, gelingt es der Sonnenbrille trotzdem, elitär zu erscheinen. Obwohl zu den gebräuchlichsten Dingen gehörig, bewahrt es hartnäckig seinen elitären Charakter. Zwar schützt die Brille auch vor dem grellen Sonnenlicht, doch diese Funktion ist nebensächlich.

Was an der Sonnenbrille zählt, ist zunächst der Umstand, dass sie uns augenblicklich in eine andere Welt befördert. Eine grüne. Oder gelbe. Oder blaue. Oder rosafarbene. Oder braune oder braungelbe. Verändert in Farbe und Deutlichkeit gegenüber der anderen Welt. Ohne aggressiven Glanz, ohne grelle Farben. Diese zweite Welt ist von besonderer Art: absolut identisch mit Welt eins (wir erkennen die Orte, die Menschen, die Dinge, im Grunde überrascht uns gar nichts) und doch vollkommen verschieden (die Farbe des Himmels, die Schattierungen des Lichts, die Konturen der Dinge, nichts bleibt sich gleich).

Man muss kein Philosoph sein, um zu dem Schluss zu gelangen, dass die Erscheinung von unserer Sichtweise abhängt. Die Dinge sind nicht so, wie wir sie sehen, und doch können sie für uns nicht anders sein als so. Wir können nicht über unseren Blick hinaus- oder an ihm vorbeisehen. Allerdings verändert die Brille den Blick. Als Farbfilter ruft sie De- und Transformationen hervor. Und wenn wir versuchten, unseren üblichen Blick abzunehmen, wie wir die Sonnenbrille abnehmen? Wie müssten wir das anstellen? Uns die Augen ausreißen? Oder die Welt einfach unter einem anderen Blickwinkel betrachten?

Die Sonnenbrille besitzt jedoch ein noch beunruhigenderes Merkmal. Sie verdeckt die Augen. Wie tragbare Masken, nur umgekehrt (normalerweise verbirgt die Maske alles bis auf die Augen). Den Blick zu verstecken ruft eine einzigartige Weise des Rückzugs hervor, der Distanzierung, eine Beklommenheit, in der das unbestimmte Gefühl einer Bedrohung, einer Verachtung mitschwingt. Es kommt nicht von ungefähr, dass die Stars, die Paten der Mafia, die Ästheten und die Folterknechte im Allgemeinen mit dunklen Brillen dargestellt werden – und sich auch selbst mit ihnen darstellen. Dunkel ist hier entscheidend. Die Sonne hat nichts damit zu tun. Die Brille dient einzig dazu, den Blick dauerhaft zu verbergen. Vielleicht ist den äußerst unterschiedlichen Menschen, die sich ihrer bedienen, eine gewisse Vorliebe für das Geheimnis und die Grausamkeit gemeinsam.

Zweifellos ist diese Undurchdringlichkeit, an der der Blick des anderen verständnislos abprallt, schuld an den Attributen, die der Sonnenbrille zugeschrieben werden. Der elegant-elitäre Aspekt kann sich mit dieser Distanzierung, dieser Aufkündigung des Augenkontaktes verschwistern. Die Nachricht ist deutlich: »Ich sehe dich, aber ich bin im Dunklen, Verborgenen, und du kannst mich nicht lesen«.

Auch Macht und Grausamkeit sind im Spiel bei diesem Blick, der sich der Gleichberechtigung entzieht, da er es ablehnt, seinerseits betrachtet zu werden.

Entscheidend ist hier der Blick, von dem Sie wissen, dass er Sie unter die Lupe nimmt, während Sie ihn nicht beobachten können. Sie nehmen die Gegenwart des anderen nicht mehr direkt wahr. Sie vermuten sie. Sie postulieren sie hinter den dunklen Spiegeln, aber Sie beweisen sie nicht. Diese Gegenwart wandelt sich in Macht, Furcht erregend in dem Maße, wie sie sich entzieht. Und sie bekommt Dauer in der Ausweichbewegung. Im Umkehrschluss wird deutlich, was der offen dargebotene Blick gestattet: instinktives Erkennen, Transparenz, Werben um die Gunst des anderen.

Stellen Sie in Gedanken zwei Frauen nebeneinander: die eine nach islamischer Tradition verschleiert, die andere eine Nudistin mit Sonnenbrille. Bei der Verschleierten ist im Prinzip alles verborgen, sogar das Gesicht. Nur die Augen bietet sie dar. Bei der Nackten ist nur der Blick dem Blick des anderen entzogen. Welche von den beiden wirkt verhüllter? Und aus welchen Gründen? Das könnte ein Spiel für lange Winterabende sein.

Ich vergesse darüber, meine Zeitung zu lesen.

Wecker

Zu Hause,
früh am Morgen

Ein brutaler Riss. Der friedliche Fluss des Blutes plötzlich durch eine Wunde unterbrochen. Wie wenn man sich schneidet – beim Gemüseputzen oder Rasieren, nichts Schlimmes, kein heftiger Schmerz, aber eine offene Stelle. So ist es, wenn der Wecker klingelt. Eine Folge von schrillen, kreischenden, monotonen Lauten. Nadelstiche im Gehirn.

Nach dem, was ich mit halb geschlossenen Augen erkenne, muss es 6.46 Uhr sein. Wenn der Wecker um 6.46 Uhr klingelt, gibt es einen Grund dafür. Ich muss ihn finden. Nicht wirklich, noch nicht, nicht gleich. Ach, ja! Ich muss einen Zug nehmen, schon bald.

Da ich dazu neige, Wecker zu überhören, habe ich auf diesem Gebiet schon fast alles versucht: die tickenden Monster, die einen am Schlafen hindern, die leuchtenden, die einen blenden, die melodischen, die einen nicht wecken, die Radiowecker, die einem Angst einjagen, die CD-Spieler, die für Verwirrung sorgen. Schließlich habe ich mich für den schrillen Wecker entschieden, der in meine Armbanduhr eingebaut ist. Er tut nicht so, als wollte er Nachrichten senden oder Musik abspielen. Er verzichtet darauf, den Kunden zu duzen. Schrille Töne, nichts als schrille Töne, die das Trommelfell durchbohren, bis man die Augen öffnet. Klare, unverhohlene Gewalt.

»Natürlich« ist nur das Erwachen, das von alleine kommt, von sich aus, am Ende des Schlafs, wenn das Maß erfüllt ist. Vollendung und Absage, Rückkehr des Tages. Entfaltung des Lichtes. Wiedererschaffung der Welt. Stückweise und allmählich. Vorher zu einer bestimmten Zeit geweckt zu werden ist ein gewaltsames Eindringen. Sehr häufig, ich weiß. Nützlich, gebe ich zu. Was aber die Gewalt, die hier im Spiel ist, nicht im Mindesten schmälert.

Was Sie soeben erst aus dem Schlaf und dann aus dem Bett gerissen hat, entspringt einer machtvollen sozialen Koordination. Das Ding klingelt, weil man zur Arbeit gehen, die Kinder wecken, sie in die Schule schicken muss, weil man den Zug, die U-Bahn, das Flugzeug nehmen, seine Karte von der Stechuhr in der Fabrik abstempeln lassen oder im Büro eintreffen soll, weil man dort zu sein hat, wo man erwartet, verlangt, überwacht wird. Dazu ist eine gigantische Kontrolle der Bewegungen und Wege erforderlich, eine immer schärfere und genauere Kontrolle.

Früher rief man einen ganzen Trupp – ein Dorf oder eine Armee – durch den Klang einer Glocke oder Fanfare zusammen. Die Anlässe waren selten, die Häuser standen dicht beieinander. Die Geschichte der modernen Gesellschaften –

ihre Entstehung und Entwicklung – ist die zunehmende Unterwerfung des menschlichen Lebens unter die genaue Zeit. Die Welt, wie wir sie kennen, entspringt dem unerbittlichen Diktat der Uhr.

Wann hat man auf den großen Plätzen im Herzen der Städte die ersten mechanischen Uhren aufgestellt? Wie hat sich das in China, in Afrika, im Orient ausgewirkt? Wie stellt man es an, alle diese Leiber in den Maschen des Netzes gefangen zu halten? Wie unterwirft man so viele verschiedene Menschen, so viele verschiedene Völker mit so vielen unvereinbaren Lebensrhythmen dem allumfassenden Diktat?

Wir halten es für selbstverständlich, dass der Wecker klingelt, dass die Nachrichten zur festgesetzten Stunde beginnen, dass Bus oder Bahn um 8.32 Uhr, 8.27 oder auch 8.58 kommen. Wie vieler Jahrhunderte der Dressur, wie vieler allmählich domestizierter, sich widerwillig der Herrschaft der Zeit unterwerfender Generationen bedurfte es, um dieses Ergebnis zu erzielen? Nach und nach haben sich die Dinge, die die Zeit messen, an uns festgesetzt. Zuerst war es die Uhr auf dem Marktplatz. Zu Hause hielt die Kaminuhr oder die Küchenuhr Einzug, dann die Uhr auf dem Nachttisch. Später führten die Reichen eine Uhr mit sich, die sie von Zeit zu Zeit aus der Westentasche zogen, anfangs noch genüsslich, fast erstaunt. Schließlich setzte sich die Uhr am Handgelenk fest, auf der ganzen Welt, auf allen Breitengraden, allen Erdteilen. Gegenwärtig aus Quarz und digital, mit Sekundenanzeige.

Sie begleitet uns durch alle Abschnitte des Tages, unterwegs, bei der Arbeit, in der Freizeit, uns fesselnd ans Handgelenk gefesselt. Die Uhr unterwirft Körper und Seele, den ganzen Menschen, den strengen Gesetzen einer peniblen und regulierten Zeit. Wenn wir am Morgen unsere Armbanduhr anlegen, ist es, als lüden wir uns einen großen Sack voll Pflichten auf. Die Uhr erzeugt das Gewicht der Zeit, die an sich gar nichts wiegt.

Das Ding, das mich geweckt hat, kann im Prinzip nie versagen. Es wird nämlich aus der Ferne von einem Zentrum gesteuert, das seine möglichen Schwankungen korrigiert, einem Zentrum, das nie vor- und nie nach-, sondern immer genau geht. Gibt es einen Unterschied zwischen unseren Uhren und den elektronischen Fußfesseln der Verurteilten, die ihre Strafe als Hausarrest abbüßen können? Doch, schon. Ich nehme meine Uhr ab, um mich in eine jener Welten zu begeben, wo sich die zeitlichen Zwänge abschwächen: um Sex zu haben, zu schwimmen oder zu schlafen.

Man kann natürlich wehklagen über diese universelle Manipulation. Ist es unheilvoll, dass so viele Dinge ferngelenkt werden? Uns bleibt immerhin die Entscheidung, zu jammern oder nicht.

Salzstreuer

In einer Kantine,
um die Mittagszeit

In dieser Woche überschlägt sich die Arbeit dergestalt, dass ich nicht mehr in der Lage bin, die Dinge zu sehen. Gleiches gilt für die Menschen. Ich bin auf dem besten Wege, mich in eine reine Funktion zu verwandeln. Immerhin, was getan werden muss, geschieht, aber ich bin nicht mehr in der Lage, auf den Rest zu achten – Objekte, Orte oder Menschen. Ich fange an, das Essen rasch im Stimmengewirr einer Kantine herunterzuschlingen. Der Salat ist nicht gesalzen, aber es findet sich kein Salzstreuer auf dem Tisch. Normalerweise müsste er dort stehen. Das ist auch der Grund, warum ich ihn bemerkt habe, weil er nicht da ist wie sonst immer. Im Hintergrund, in Wartestellung. Verfügbar, aber ohne sich aufzudrängen. Wenn er da ist, wird er von niemandem bemerkt. Seine Rolle: einfach da zu sein. Für den Fall, dass. Wie zufällig.

Sobald das Essen fad schmeckt, suchen Sie nach dem Salzstreuer. Mit dem Blick, der Hand, mechanisch. Er steht in Reichweite. Sofort zur Hand, präsent und zuverlässig, und schon haben Sie ihn wieder vergessen. Gelegentlich müssen

Sie auch die Mühe auf sich nehmen, ihn holen zu gehen. In einigen Fällen sogar von weit her, vom anderen Ende. Auf jeden Fall ist der Salzstreuer ein Ding, das regelmäßig im Hintergrund verschwindet, ein Ding von zeitweiliger Präsenz. Das ist die Grundlage seiner Dauer, seiner Kontinuität. Die Zuverlässigkeit ist seine Sache, nicht Ihr Problem. Sie verlangen lediglich von ihm, dass er immer bereit ist, seine Aufgabe zu erfüllen. Egal wann, ganz unverhofft. Der Notarzt des Geschmacks. In ständigem Bereitschaftsdienst.

Es gibt unzählige andere Dinge, die ständig zu unserer Verfügung gehalten werden. Offenbar ist das ein wichtiger Aspekt der Dinge: ständig zu unserer Verfügung zu stehen. Doch damit ist der Salzstreuer noch nicht erschöpfend beschrieben. Er ist ein Indiz der Zivilisation. Denken Sie an die Geschichte des Salzes. Die Vorgeschichte: Hirsche lecken in einer Felsmulde an einem Block, der dort an die Oberfläche tritt, Krieger beobachten sie dabei, kosten ihrerseits. Das antike Beförderungswesen: Feluken auf dem mühseligen Seeweg, über den das fast magische Gewürz transportiert wird. Als klassische Abgabe die Salzsteuer. Und im Winter weit hinten im Keller das Schweinefleisch im Pökelfass. Sie wissen vermutlich, dass die Bücher über das Salz, seine Handelswege, die Rolle, die es in der Geschichte der Menschheit gespielt hat, Bibliotheken füllen. Diese ungeheure Geschichte von Tollheit, Kampf und Wissenschaft, von Handel und Expansion, Vernunft und Geschmack endet in der totalen Banalität des Salzstreuers, dort am Ende des Tisches, in einem kleinen Ständer aus Weißblech.

Was einst selten, wertvoll und rätselhaft war, ist fortan selbstverständlich, Gemeingut, allgegenwärtig, praktisch ohne Wert. Kein Restaurant, selbst das armseligste, setzt Ihnen den Gebrauch des Salzstreuers auf die Rechnung. Das ist ein Attribut der Zivilisation: die Eingliederung einstiger Seltenheit in die Alltäglichkeit. Der Salzstreuer hat so sehr das Erscheinungsbild des Gewöhnlichen angenommen, dass selbst die Erinnerung an seinen einst außergewöhnlichen Charakter verloren gegangen ist.

Damit der Salzstreuer seine Aufgabe erfüllt, muss man ihn meist umkehren, auf den Kopf stellen. Einen Augenblick lang, mit Maß. Denn eine geringe Menge ist ausreichend. Bedingung ist, dass das Salz sich mischt, verteilt, auflöst. Auch darf man es nicht mit dem weißen Pulver von gegensätzlicher Wirkung verwechseln, welches das Auge nicht zu unterscheiden vermag. Vergegenwärtigen Sie sich alle diese Merkmale. Banalisiert. Kopfüber. Geringe Menge. Gut mischen. Nicht mit dem Stoff verwechseln, der, flüchtig betrachtet, vollkommen gleich erscheint. Sind das nicht haargenau die Eigenschaften der Intelligenz?

Ein seltsames Unterfangen, dieser Kampf gegen die Geschmacklosigkeit. Der Salzstreuer ist eine aktuelle Erscheinungsform dessen, was man vor langer Zeit die menschliche Seele nannte. Das Salz der Erde gibt sich heute höchst unauffällig.

Schublade

In meinem Zimmer,
spätnachmittags

Seit gestern ist es richtig kalt geworden. Jedenfalls wenn Sie mich fragen. Andere würden es allenfalls als frisch bezeichnen. Kennen Sie das Schicksal der Kälteempfindlichen in den gemäßigten Zonen? Bei der ersten Wolke blättern sie in den Katalogen für Winterartikel. Kaum fällt ein gelb gefärbtes Blatt, kramen sie die Lederhandschuhe und Wollstrümpfe heraus. Jedes Grad, um das die Temperatur fällt, wird für sie eine Quelle der Beunruhigung, ein Schritt in Richtung des gerinnenden Lebens, das in Erstarrung und Bewegungslosigkeit am Kamin verharrt, um nicht ganz zu enden.

Ich binde mir einen Schal um, das ist beschlossene Sache. Sie sind alle in einer Schublade, in einer Kommode, in einem Zimmer. Ich gehe, um mir einen zu holen. Plötzlich ist die Schublade *da*. Der Rest verschwimmt. Die Schublade ist deutlich, kompakt, von der Umgebung abgehoben. So ist das mit diesem Experiment: Ein Ding wird plötzlich sichtbar. Welches, das weiß ich vorher nicht. Ich weiß nicht, warum sich dieses hier mit einem Mal aufdrängt.

Mehrere Male öffne und schließe ich die Schublade. Ich sehe die Schals auftauchen, verschwinden, wieder auftauchen, wieder verschwinden. Mich überkommt ein altes Staunen, ein Gefühl aus der Kindheit. Wie kann es einen Raum im Raum geben? Einen Extraraum, eine *zusätzliche* Welt, eingelassen in die gewöhnliche Welt? Ein zweites Universum, dann noch eins und noch eins – so viele, wie es Schubladen gibt – sind in dem bereits bekannten Universum enthalten.

Sie wissen natürlich, dass die Welt unzählige solche Falten hat. Grotten, Krypten, Höhlen, Häuser, Schuppen, Wandschränke, Kisten, Bücher, Zeitungen ... tausend Räume bleiben in Reserve, stehen dem zur Verfügung, der in sie eintritt, und sind ansonsten der allgemeinen Kenntnisnahme entzogen. Die Schublade gehört zu dieser Familie, unterscheidet sich aber auch von ihr. Ihre Einzigartigkeit: dass sie ausziehbar ist, in der Waagerechten gleiten kann.

Wenn Sie die Tür zum Wandschrank öffnen, kann Ihr Blick in ihn eindringen, ihn in Augenschein nehmen, mustern. Der Schrank ist ein Zimmer im Kleinen, ein Zimmer für Dinge. Die Schublade funktioniert anders. Sie bietet ihren Inhalt dem Blick des Betrachters dar, wenn er sie teilweise aus ihrer Lagerung herauszieht. Ganz herausgenommen, wird die Schublade zur banalen Kiste. Ihr rätselhafter Zauber beruht auf dem Hin und Her, dem Gleiten, mit dem sie ihren Inhalt unseren Blicken und Händen preisgibt, ohne ihren Platz ganz zu verlassen, ihrer Fähigkeit, sich anschließend wieder mit dem Geheimnis aller geschmeidigen Dinge zu umgeben.

Was die Schublade beschwört, ist die Existenz einer doppelbödigen, vielbödigen Welt. Unter der Oberfläche, in der Lage, zu erscheinen und zu verschwinden – Sequenzen von anderen Räumen mit höchst unterschiedlichen Inhalten, durcheinander oder geordnet, bunt oder einfarbig. Unendlich geschichtetes Universum. In Stockwerke gegliedert, in eine Vielzahl von Parzellen aufgeteilt, rasch dargeboten, ebenso rasch wieder entzogen.

Die Schubladenstruktur finden wir auch anderswo. In den Pulldown-Menüs der Computer, dem Gedächtnisaufbau, den Exegesen. Der Hypertext ist eine gigantische Schubladenstruktur: Hinter jedem Wort verbergen sich neue Entwicklungen, Verweise, Enzyklopädien, unendliche Verschachtelungen. Das Denken selbst vollzieht sich bis zu einem gewissen Grade nach diesem Modell. Oft träume ich davon, einen Kopf mit Schubladen zu besitzen. Rasch zu öffnen und zu schließen, Universen voller Akten, Gedanken, verschiedener Register. Universen, die sich parallel verwenden lassen, ohne untereinander in Verbindung zu stehen, ausgenommen, es wird von ihnen verlangt. Tatsächlich aber schließen unsere geistigen Schubladen schlecht. Sie sind nicht wasserdicht. Zum Glück?

Letztlich besteht das laufende Experiment in der Annahme, dass jedes Ding eine Schublade ist. Mit ein bisschen Glück wird es mir von Zeit zu Zeit gelingen, sie zu öffnen. Ich weiß vorher nicht, was ich darin finde. Vielleicht gar nichts. Vielleicht Spuren, die sich meinem Verständnis entziehen. Oder noch etwas anderes? Ich verspüre zum ersten Mal eine Art Beunruhigung. Auf was habe ich mich da eingelassen?

Schal

In einem Café,
am Winteranfang

Ich binde mir einen Schal um, bevor ich hinausgehe. Zum ersten Mal in diesem Jahr – ein Augenblick, der immer wiederkehrt. Ich fühle mich dann beruhigt. Einfach weil ich sicher bin, nicht unter dem Wind zu leiden, mir keine »Erkältung« zu holen, die alte Furcht mütterlichen Ursprungs, über die ich seit langem lache, aber die ich trotzdem noch tief in mir trage.

Der Schal hat noch eine weitere Dimension. Aber welche? Kleidungsstücke nehmen unter den Dingen eine Sonderstellung ein. Draußen, in den Geschäften, sind sie einfach Dinge genau wie die anderen. Schmiegsamer, sprechender, dennoch vereinnahmt von der banalen Welt der Objekte.

Zu Hause, in den Fächern, Schränken, auf Bügeln und Regalbrettern, in der Schublade, sind sie zwar noch immer Dinge, aber bereits durchwirkt mit Erinnerungen und Körper-Momenten. Dieses Hemd – der Spaziergang in der Normandie. Das T-Shirt – Patmos; jenes Sakko – New York; die Lederjacke – Seoul (Erinnerungen erster Klasse). Ein Kleidungsstück kann uns auch an unsere Kusine, den Schwager oder die Nachbarn erinnern (Alltagserinnerungen). Spielt keine Rolle. Das Kleidungsstück bewahrt den Geruch der erlebten Zeit. Vielleicht wissen Sie nicht mehr, was es getan oder woran es teilgehabt hat, aber es behält eine gewisse Ähnlichkeit mit diesem oder jenem Augenblick der Vergangenheit.

Das getragene Kleidungsstück unterscheidet sich kaum noch vom Körper. Es verlängert ihn, macht ihn sich zu Eigen, verändert, bewohnt, stützt ihn. Da die Kleidungsstücke in direktem Kontakt mit der Haut sind und sich jeder Bewegung anpassen, ist es unmöglich, sie als Dinge wie die anderen anzusehen.

Wir nehmen Kleidung als lebendig wahr. Die Hose geht. Die Jacke streckt den Arm aus. Das Hemd läuft oder setzt sich. Nie haben Sie das Empfinden, Kleidungsstücke seien wie ein Panzer oder Ballast, der den Haltungen oder Bewegungen Ihres Körpers folgt. Von Sonderfällen abgesehen (einem Mantel, der zu schwer, einem Pullover, der zu kurz, einer Jeans, die zu eng ist) haben Sie nie den Eindruck, dass Sie Kleidungsstücke auf den Schultern, Armen oder Beinen tragen, transportieren, dehnen oder zerren müssten. Kleidungsstücke haben so sehr teil an Ihren Bewegungen, dass sie mit Ihnen verschmelzen.

Unter diesen Bedingungen lassen sich Kleidungsstücke einfach nicht als Dinge betrachten. Es fehlt ihnen die Passivität. Die Dinge sind reglos, unfähig, sich zu bewegen. Fast alle jedenfalls. In der jüngeren Geschichte sind Maschinen erfunden worden, die sich bewegen können. Aber glauben Sie, Ihre Kleidungsstücke hätten Motoren? Das Kleidungsstück unterscheidet sich von dem Reich der gemeinen Dinge durch die Geschmeidigkeit seiner Bewegung, die Spontaneität, die Fast-Lebendigkeit, das Verweilen im Grenzbezirk zwischen Belebtem und Unbelebtem.

Aus dem gleichen Grund unterhalten die Kleidungsstücke eine besondere Beziehung zum Gedächtnis. Sie sind mit dem Körpergedächtnis verwachsen, diesem Speicher von Haltungen und Empfindungen, von Verhaltensweisen, deren eine die andere nach sich zieht, ohne dazu der Reflexion oder der Herrschaft der Logik zu bedürfen. Der Körper hat diesen Augenblick mit dem Kleidungsstück erlebt und hegt die Erinnerung daran in aller Stille.

Der Schal ist von jeher für mich – wie für viele andere – mit meiner Mutter verknüpft. Ich bin im Begriff, mich auf den Schulweg zu machen. Es ist noch dunkel. »Vergiss dein Halstuch nicht.« Meine Mutter sagt immer »Halstuch«. Ich werde das Wort erst viel später verstehen. Zu diesem Zeitpunkt weiß ich noch nicht, dass es sich um ein Tuch für den Hals handelt. Es ist ein »Halstuch«, Punktum. Ich vergesse mein Halstuch nicht, sie knotet es mir um den Hals, und ich nehme meine Schultasche.

Es ist nicht so, dass ich jedes Mal, wenn ich einen Schal umbinde, klar und deutlich daran denke. Aber es ist unterschwellig vorhanden, im Filigran der Bewegungen, nur sichtbar unter einem bestimmten Blickwinkel. Wie kann sich so viel Leben unter den Dingen verbergen? Man braucht nur eines aufzuheben, um Welten zu entdecken.

Dabei ist der Schal das einfachste Kleidungsstück überhaupt. Keine klaren Umrisse. Kein Schnitt. Nichts als ein Streifen aus Tuch, Wolle, Seide oder anderem Stoff. Um den Nacken gelegt und vorne, ganz nach Belieben, offen, gekreuzt oder verknotet getragen. Alles in allem eben das Gedächtnis, ja.

Straßenlaterne

Im Haus des Vogels,
eines Abends

Wenn ich bei der Frau bin, die ich liebe, was eigentlich immer der Fall ist, es sei denn, sie ist bei mir, sehe ich von ihrem Fenster aus eine Straßenlaterne. Eine alte, kannelierte Säule, lang und dünn, die am oberen Ende eine Art Metallhelm in Glockenform trägt; die Glühlampe ist hinter Glas, genauer gesagt hinter einer umgekehrten Glasglocke, die von oben gehalten wird. Das alles erinnert eher an London oder an Nordeuropa als an Frankreich. Das Modell ist alt und relativ selten in Paris. Es hebt sich ab von den Bäumen auf dem Platz vor dem Haus. Man sieht die Laterne vom Bett aus, durch das Fenster des Schlafzimmers.

Warum rührt mich diese Laterne so sehr? Ist es der fremdartige Charakter, der bei ihrem Anblick den Eindruck hervorruft, man wäre nicht ganz in Paris? Ist es der Umstand, dass die Laterne einen Dunstkreis beschwört und die Fähigkeit zu besitzen scheint, ihre Einsamkeit in einen jederzeit möglichen Nebel zu hüllen, in dem man noch die gedämpften Hufttritte eines fernen Pferdes oder das Geräusch einer davonfahrenden Kutsche hören kann? Dass ihr

Licht gelb ist, sehr gelb, ins Orangefarbene spielt und Trost spendet, sobald die Nacht anbricht? All das muss es sein.

Besonders rührend finde ich die Art und Weise, wie sie ganz allein da steht und ihr Licht mit unpersönlicher Gleichgültigkeit spendet. Sie hat etwas von einem bescheidenen Leuchtturm, den die Meinung der Welt nicht interessiert. Egal ob Leute auf dem Platz sind oder nicht – und im Allgemeinen sind dort keine –, strahlt sie ihr Licht nach bestem Wissen und Gewissen aus. Man kann auf die Laterne zählen.

Insofern ähnelt die Laterne meiner Freundin. Auch sie ist nicht von hier, wenngleich ebenfalls nicht aus Nordeuropa, und auch sie verkörpert ein menschliches Modell von altertümlicher Eleganz. Auch sie verbreitet Licht, ohne sich darum zu kümmern, wer da ist oder nicht. Auch sie umgibt sich mit einer tröstlichen und heiteren Einsamkeit.

Ich bin kein Liebhaber der Straßenlaterne. Aber ich danke dieser Laterne unter dem Fenster des Schlafzimmers, dass sie mir verständlich gemacht hat oder mich zumindest ahnen lässt, wie sehr diese Liebe von der Achtung vor der Einsamkeit des anderen lebt. Sehr nahe und zuverlässig, aber auch leicht und, wie immer, offen.

Fenster, Licht. Vorhang.

Heft

Im Haus des Vogels,
ein anderer Abend

Das Licht verblasst jeden Tag ein bisschen früher. Das macht viele Menschen beklommen. Es kommt selten vor, dass ich die Gefühle der Allgemeinheit nicht teile, aber diesen Tag für Tag wachsenden Schleier der Nacht empfinde ich als tröstlich. Die Schatten besänftigen mich. Ich erlebe ihr Vordringen als angenehm.

Der Tag und seine Helligkeit haben etwas Schneidendes. Man muss auf der Hut sein, reaktionsbereit. Selbst die Dinge wirken im Licht betroffen. Fixiert, erstarrt im Stupor des Tages. Klare Umrisse, eindeutige Formen, eingeschränkte Präsenz. Sobald es dunkel wird, beginnen die Dinge, sich zu Wort zu melden, sich zu entfalten. Als würden sie im Dämmerlicht an Selbstvertrauen gewinnen. Oder entspannter werden.

Jedenfalls will es mir so scheinen. Ich weiß wohl, dass ich die Dinge nur als Projektionsfläche verwende. Dass sie an sich weder reserviert noch vertrauensvoll sind. Aber ich kann nun einmal nur mit meinen Augen sehen und mit meinem Verstand denken. Ich kann nichts daran ändern, dass mir der Tag mehr oder minder fremd bleibt und die Nacht zur trauten Umgebung wird. Und um in der Nacht zu schreiben, bedarf es eines Heftes.

Das Heft ist ein Objekt, das einer bestimmten Zeit entstammt, ein Kind des industriellen Zeitalters. Ebenso weit von den Wachstafeln und Pergamenten entfernt wie von den Bildschirmen und Tastaturen. Seine Besonderheit: Es besteht aus einer Ansammlung von leeren, zusammengehefteten Seiten. Ein Ding, das als Gefäß gedacht ist, zur Aufnahme geordneter, handschriftlicher Zeichen bestimmt. Also ein archaisches Ding, sogar in doppelter Hinsicht. Zum einen, was die Geschichte der Schreibtechniken anbelangt: Selbst wenn es noch lange existieren sollte, gehört das Heft der Vergangenheit an. Der Computer macht ihm Konkurrenz, die elektronischen Taschengeräte spotten seiner. Zum anderen in der Geschichte des Einzelnen, denn auch heute noch unterhält das Schreibheft fast überall eine unauflösliche Beziehung zur Kindheit.

Das Heft trägt die Aura der Schule mit sich herum. Die Linien, die Karos, der Rand, das Bemühen um Sauberkeit, die Furcht vor Unordnung, Flecken, dem Durchstreichen. Es ist eines der wichtigsten Werkzeuge zur Erzeugung von Zwang, Konzentration und Disziplin bei der Einübung jener sozialen Normen, die für den expliziten und codierten Umgang mit der Symbolik gelten.

Man sollte diese Ansammlung von unbeschriebenen Blättern nicht unterschätzen. Geheftet, geklebt oder beides, vielleicht auch auf einer Drahtspirale. Kariert, liniiert oder leer, unterschiedlich in Format und Seitenzahl, bleibt es doch immer dieses Ganze, das darauf wartet, beschrieben zu werden. Darin unterscheidet es sich vom losen Blatt oder vom Schreibblock, dessen Seiten in alle Winde zerstreut werden. Das Heft beschreibt einen bestimmten Verlauf und bewahrt ihn, eine Folge von Spuren, die in den Ablauf der Zeit eingeschrieben werden. Notizbuch, Register, Hauptbuch, sie haben alle die gleiche Funktion – die Spuren in einer geordneten Reihenfolge zusammenzufassen.

Die Dicke des Heftes: die des Buches und der Zeit. Wie diese erschließt es sich nicht mit einem Mal. Es offenbart sich allmählich, Seite um Seite, Linie um Linie. Daher die Faszination und der Schwindel, die uns erfassen, wenn wir vor einem leeren, noch unbeschriebenen Heft sitzen. So viele Möglichkeiten, die uns erwarten, mehr sogar, als wir uns erträumen können.

In ein Heft zu schreiben heißt also, sich von einer Vielzahl von Möglichkeiten zu verabschieden. Denn Zeile um Zeile entsteht ein einziger Text. Mag er auch noch so vielfältig sein, er bleibt ein einziger Text.

Ich verabscheue die *Mise-en-abyme*, diese besondere Form der Selbstreferenz in Kunst und Literatur – den Film im Film, das Theater im Theater, den Roman über den Roman, *la vache qui rit sur la vache qui rit*. Lassen Sie mich daher schweigend übergehn, was ich diesem Heft anvertraue. Es gibt noch reichlich weiße Seiten. Umso besser. Draußen ist es dunkel. Noch besser. Das Licht der Straßenlaterne behauptet sich. Vollkommenheit und Wirklichkeit.

Heizkessel

Zu Hause,
an einem Wintermorgen

Dieses Mal stimmt es. Es ist richtig kalt. Das, was ich im Grunde am meisten fürchte. Alles andere ist mir egal – Unbequemlichkeit, Hässlichkeit, selbst Hunger. Im Grunde. Ich liebe die Bequemlichkeit, die Schönheit und praktisch alles, was essbar ist. Sie nicht? Aber wenn es sein muss, kann ich darauf verzichten, mich auf das Notwendigste beschränken. Anders bei der Temperatur. Wenn sie fällt, bin ich zutiefst verstört. Alle meine Lebensäußerungen drohen zu erstarren. Wenn ich zulasse, dass die Kälte sich einrichtet und die Luft gefriert, zieht sich mein ganzer Körper zusammen – vielleicht sogar mehr als der Körper – und taucht ein in eine Todeszone, eine langsame, bewegungslose Agonie, die schlimmer als die bloße Vernichtung ist.

Ich überprüfe den Heizkessel. Nur um mich zu vergewissern, dass er einwandfrei funktioniert. Dass er noch da ist. Dass kein Leck, nichts Ungewöhnliches vorliegt. Kein verdächtiges Geräusch. Nur das normale Schnurren. Für mich ist diese Apparatur magisch: Ich habe keine Ahnung von der Wartung der Heizung. Weder kann ich sie reparieren noch nachsehen oder reinigen. Für mich – wie für Sie vielleicht auch – gehört sie zu den geheimnisumwobenen Dingen. Ich überzeuge mich nur davon, dass der Heizkessel auch wirklich noch vorhanden ist. Zuverlässig, funktionsfähig. Brennend und pulsierend.

Auch von nahem betrachtet bleibt der Kessel maskiert. Häufig ist er abseits untergebracht, verbannt in ein Untergeschoss, einen Schuppen, eine Waschküche, einen Keller, eine Ecke der Küche oder den Hintergrund eines Badezimmers. Selbst beim Nähertreten entzieht er sich dem Blick. Glatt, kubisch, gelackt, spärlich versehen mit einem Hebel oder einer Skala, einigen Schiebern. Die wesentlichen Elemente sind der Beobachtung nicht zugänglich.

Die Isolierung entspringt vernünftigen Gründen. Der Heizkessel macht Geräusche, und manche Modelle riechen streng, nach Heiz- und Schmieröl. Andere oder dieselben sind so umfangreich, dass sie nur in Kellern oder Anbauten untergebracht werden können. Der Heizkessel gehört zur Familie der lebenswichtigen Dinge, die verborgen bleiben. Die Dinge im Unter- und Hintergrund, die Dinge drunter und drinnen, die unsichtbar bleiben, aber reibungslos für das Funktionieren des Ganzen sorgen. Rohre, Kanalisation, Kabel, Leitungen, Turbinen, Filter, Generatoren, unzählige Dinge, die dafür verantwortlich sind, dass wir Wasser, Luft und Energie bekommen, und die unermüdlich heizen, antreiben, absaugen und recyceln.

Dinge wie unsere Arterien, Venen, Organe. Wie die lebenserhaltenden Funktionen. Ein staubiges, mechanisches Herz, das im Winter, wenn draußen die Abenddämmerung kommt, das Leben im Haus pulsieren lässt. Von Zeit zu Zeit sollten wir bewusst und dankbar dieser vielen Dinge gedenken. Nicht zu oft. Sie zu vergessen gehört ebenfalls zur Normalität. Niemand kann lange gehen, wenn er an seine Herzpumpe denkt.

Als ich in mein Arbeitszimmer zurückkehre, zu meinem Schreibtisch, meinem Sessel, dem erleuchteten Bildschirm des Rechners, zu den Dingen, die ich im Halbdunkel des Winters brauche, um im Warmen zu leben, denke ich, dass der Heizkessel das Gegenstück der Tiefkühltruhe ist. Indem wir das eine und das andere erfanden, haben wir unsere Kräfte in gegensätzliche Richtungen erweitert. Gegensätzliche oder komplementäre? Gegensätzliche oder gleiche?

Fragen 1

Dieses Experiment dauert mittlerweile drei Monate. Oft möchte ich es abbrechen. Es ist ein absurder und lächerlicher Versuch. Trotz allem setze ich ihn fort. Ein Impuls, der stärker als diese Überzeugung ist, veranlasst mich fortzufahren. Gelegentlich habe ich das Gefühl, dass ich einen Auftrag erhalten habe. Es ist unmöglich, genau zu sagen, worin er besteht. Genauso unmöglich ist es, ihn aufzugeben.

Warum habe ich beim Sprechen über die Dinge angefangen, über mich selbst zu sprechen? Ich verabscheue Tagebücher. Autobiografien, Memoiren, Bekenntnisse langweilen mich. Trotzdem offenbart sich beim Thema der Dinge ein Erzähler, der mit einigen meiner Schrullen und Schwächen behaftet ist. Muss man möglicherweise, um von den Dingen zu reden, Stücke seiner selbst preisgeben, die mit ihrem Wesen verknüpft sind? Geht es auch anders, oder sind wir wirklich dermaßen mit den Dingen verflochten?

Gestorben die Idee vom reinen Objekt, das dem reinen Subjekt gegenübersteht. Das Subjekt kann nicht von seinen individuellen Besonderheiten befreit werden, dem Rattenschwanz von Neigungen, Geschmäcken, Talenten und Absonderlichkeiten. Sie von ihm zu trennen, dazu bedürfte es großer Gewalt. Um ein »überpersönliches« Bewusstsein zu bekommen, entindividualisiert, von allen Charakterzügen befreit und auf seine transzendentale Reinheit reduziert, müssten wir unser Gedächtnis mit Füßen treten, unsere Gefühle zu Brei verarbeiten, uns die Eingeweide herausreißen, alle körperlichen Besonderheiten beseitigen, all das, was die wirkliche Identität ausmacht. Das Ergebnis eines solchen Vorgangs: ein reines Artefakt, ein Vernunftwesen, das einem Objekt gegenüberstünde, welches ebenso abstrakt wäre wie es selbst.

Was mich der Beginn dieses Experiments lehrt, ist das genaue Gegenteil: Um mich der Wirklichkeit anzunähern, der Vielfältigkeit, der unerschöpflichen Verschiedenheit singulärer Existenzen, muss ich das Anekdotische akzeptieren, die Diskontinuität, die Perspektivenwechsel, die fortdauernde und unauflösliche Verflochtenheit der Dinge und Menschen.

In dieser Lage sehe ich zwei Lotsen: Montaigne und Nietzsche. Beide sprechen stets von sich selbst, wenn sie denken. Ihre Besonderheit ist immer zugegen, immer spürbar. Doch nie um des Vergnügens des bloßen Bekenntnisses willen, denn es geht ihnen nicht darum, ihr Leben den Blicken der

Allgemeinheit preiszugeben. Ganz im Gegenteil: Sie betrachten, beschreiben und denken *mit ihrem Leben*. So sind sie immer mit im Bilde, ohne dessen Mittelpunkt zu bilden, und finden eine Möglichkeit, sich den Dingen zu nähern, die auf eine geglückte Weise zugleich betört und betörend ist. So entstehen unter ihren Händen Subjekte und Objekte, die weder abgeschlossen noch erstarrt sind, die sich fortwährend verändern und wandeln. »Weder unser Wesen noch die Objekte kennen eine kontinuierliche Existenz«, schreibt Montaigne in der *Apologie des Raymond Sebond*. Ruhelosigkeit, Fluktuation, Diskontinuität. Und bei Nietzsche natürlich eine entsprechende Bewegung.

Die Wolke ist ein sprechendes Bild für Subjekte und Objekte, die auf Grund ihrer Diskontinuität *offen* und *beweglich* bleiben. Obwohl ihre Ränder unscharf und wandelbar sind, bleibt die Wolke erkenn- und sichtbar. Die schwebende Nomadin mit ihrer veränderlichen Geometrie können wir durchqueren und auflösen. Stellen Sie sich Menschen-Wolken vor, mit den üblichen Fähigkeiten begabt (sich fortzupflanzen, zu sprechen, Politik zu machen und so fort), in Interaktion mit Objekt-Wolken, ausgestattet mit verschiedenen Eigenschaften, von denen einige noch nicht recht bekannt sind. Die Lehre von den wandelbaren Beziehungen zwischen diesen Wolken wäre die Meteorosophie. Ein meteorosophischer Dienst würde seine offiziellen Meldungen in unregelmäßigem Rhythmus herausgeben.

Seit Beginn dieses wilden Experiments frage ich mich auch, was für einen Sinn es hat, eine Schale oder eine Fernbedienung zu betrachten, während an vielen Orten der Erde Feuer und Waffen herrschen und über allen Unruhen ein höchst instabiles Gleichgewicht liegt. Doch dieses Experiment mit den Dingen könnte, so persönlich es auch sein mag, durchaus eine Beziehung haben zu dem Wendepunkt der Zivilisation, an dem wir stehen.

Wie gezeigt, leben wir in einem riesigen Patchwork von Objekten aus Epochen, die uns fern in der Zeit, und aus Kulturen, die uns fern im Raum sind. In anderen Zeitaltern war die Situation ähnlich. Doch in keinem war dieses Nebeneinander so maßlos, noch potenziert durch die schrankenlose Vermehrung der Dinge. In unserer Epoche gibt es mehr Dinge auf der Erde als jemals zuvor, und täglich kommen Millionen und Abermillionen neue hinzu. Weit weniger verschwinden. Die Dinge ersticken uns schon, setzen aber ihre Vermehrung ungehemmt fort. Doch diese Proliferation lässt uns nicht mehr träumen. Vorbei ist es mit dem Konsumrausch, der uns noch vor wenigen Jahrzehnten fest im Griff hatte. Einige Gruppen hier und dort begeistern sich noch für das neueste Produkt, das letzte Modell. In allen Staaten mittlerer Entwicklung gibt es einen heiß begehrten Markt mit den neuesten Errungenschaften der Konsumwelt. Die Menschen rechnen und rechnen, zerschlagen ihre Sparschweine, träumen, verzichten, verzichten auf den Verzicht, nehmen Kredite auf, verschulden sich, kaufen das, was alle überall kaufen. Es gibt kaum einen Grund, damit aufzuhören, und keinen Anlass, es zu beklagen. Doch in den reichen Ländern, deren Verhalten die Fortsetzung dieses Prozesses vorzeichnet, vollzieht sich die unaufhaltsame Vervielfältigung der Dinge inmitten einer praktisch universellen Gleichgültigkeit. Man weiß, dass es überall von allem gibt, und das in immer größeren Mengen. Man weiß, dass die unendliche Vermehrung der Dinge Probleme hervorruft: des Transports, der Lagerung, der Geruchsbelästigung, des Recyclings, der Umweltbelastung. Doch die Bestürzung hält sich in Grenzen. Die Dinge vermehren sich, ohne Begeisterung oder Kassandrarufe zu erzeugen.

Dieses Vergessen der Dinge erklärt vielleicht – *e contrario* – die Entstehung dieses Experiments. Möglicherweise ist es nur ein Selbstgespräch, um mich zu beruhigen oder mich in einer Illusion zu wiegen. Dennoch kann ich mich des Eindrucks nicht erwehren, dass es eine Beziehung gibt zwischen dem Vergessen, in dem die Dinge verweilen, und der Tatsache, dass die Menschheit an einen Wendepunkt gelangt ist, der sie möglicherweise in ihren Untergang führt. Sollten wir nicht lieber versuchen – so unmöglich und sinnlos es auch erscheinen mag –, in Richtung der Dinge zu gehen, ihrer Stummheit und ihres Friedens? Könnten die Dinge vielleicht eine Reserve, eine Schutzzone, eine Ressource sein? Für wen? Und warum? Wir müssen fortfahren. Fortfahren, an der Oberfläche zu kratzen.

Vergessen wir nicht, dass sich die Dinge vollkommen außerhalb der Sprache befinden. Und wenn wir sie noch so gut benennen und beschreiben, sie finden keinen Eingang in unsere Sätze. In gleicher Weise bleiben die Dinge außerhalb der Wahrheit. Dem Bereich von wahr und falsch stehen sie absolut fremd gegenüber. Sätze sind wahr oder falsch, ebenso Gedankeninhalte. Die Dinge niemals. Haben wir aus dieser offensichtlichen Tatsache Konsequenzen gezogen? Wir sind mit Sprache und Vernunft begabte Wesen, Satzproduzenten, Wahrheitssucher, und in Milliarden stummer Dinge eingetaucht, die auf kein Zeichen ansprechen und sich keinerlei Sprache bedienen. Und das kümmert uns nicht? Wir tun, als wenn nichts wäre? Als brauchte man diese Welt, so nah und doch so vollkommen anders, nicht zu berücksichtigen? Meines Wissens gibt es, von Schopenhauer und Wittgenstein abgesehen, kaum Philosophen, die diesen Weg eingeschlagen haben. Es fragt sich allerdings, wie weit man auf diesem Weg gehen kann, ohne verrückt zu werden. Handelt es sich doch darum, das Gebiet dessen zu verlassen, was sich sagen, denken und leben lässt. Niemand weiß, was jenseits dieser Grenze ist. Wie bricht man auf in das Land, in dem die Dinge sind?

Auf den alten Karten stand dort, wo die Grenzen der bekannten Welt lagen, an den Randgebieten der Wüsten und des Unerforschten, die Inschrift *Hic sunt leones.* »Hier sind die Löwen.« Wilde Gegenden, mit Lebensformen bevölkert, die kaum zu domestizieren waren. Auf der Karte – von was? Meinem Leben? Meinem Verstand? Der Welt? – möchte ich die Inschrift setzen: »Hier sind die Dinge.« *Hic sunt res.* Dieser angenommene Ort bliebe notwendigerweise außerhalb der Reichweite. Da, wo die Dinge sind, ist das Außerhalb der Worte, das andere Ufer der Welt, an das kein sprachlicher Ausdruck gelangt. Man kann nur versuchen, sich ihm zu nähern, einen indirekten Widerschein aufzufangen, wie ein Echo im Spiegel. Wie eine Fabel.

Bleibt noch zu klären, woran man ein Ding erkennt. Man glaubt es zu wissen, doch tatsächlich ist es gar nicht so einfach. Das Wort ist so unbestimmt, so umfassend, dass sich dort alles Mögliche einschmuggeln kann: Situationen, Themen, Personen. Um es einzugrenzen, können wir entscheiden, dass ein Ding ein Objekt ist: weder Rohstoff noch lebender Organismus, sondern Produkt menschlicher Arbeit, im Allgemeinen passiv und einer Dechiffrierung zugänglich. Doch diese Entscheidung kann uns nur einen Augenblick lang beruhigen. Gibt es doch eine Vielzahl von Dingen mit verschwommenen Konturen. Als wären manche Dinge mehr oder weniger Dinge, wenn Sie verstehen, was ich meine – ich bin mir da nicht so sicher.

Der erste Teil brachte Begegnungen mit dichten, kompakten Dingen, mit Modellen oder Matrizen. Die Schale zum Beispiel liefert ein Modell für jedes Gefäß. Man drücke die Schale zusammen, vertiefe sie, verlängere sie nach oben, und man erhält die Form des Glases. Oder man öffne sie, flache sie ab, breite sie aus, und es zeichnet sich der Teller ab. Je nach Größe, Tiefe, Weite der Öffnung erhält man so in fließendem Übergang die ganze Folge der häuslichen Gefäße. Also in etwa das, was wir eine Struktur nennen. Andere Dinge in diesem ersten Teil des Experimentes haben andere Funktionen: Sammeln, Öffnen, Maskieren, Pulsieren. Trotz ihrer unterschiedlichen Art sind sie ganz unmissverständlich, »klar und eindeutig«, wie Descartes gesagt hätte.

Dennoch muss es bestimmte Dinge geben, deren Stellung nicht auf Anhieb erkennbar ist. Dinge, die ambig, doppelsinnig, schwer auf ein Merkmal festzulegen und auf keinen Fall in einer einzigen Definition, Funktion oder Identität einzuschließen sind. Gibt es wirklich Dinge, die doppelt und dreifach, die »bedeckungsveränderlich« sind, Dinge mit verlagerten Funktionen? Wenn es sie gibt, weiß ich nicht, wo sie sich befinden. Ich werde versuchen, mich an sie heranzutasten.

SUCHEN UND TASTEN

CHOSE (cho-z') s.f.
Désignation indéterminée de tout ce qui est inanimé.

(DING, unbestimmte Bezeichnung für alles, was unbelebt ist)

Definition aus einem französischen Wörterbuch

Bett

Zu Hause,
beim Erwachen

Sind alle Dinge auch wirklich Dinge? Kaum habe ich die Augen geöffnet, geht mir diese unsinnige Frage durch den Kopf. Sie verstärkt den Verwirrungszustand, in dem ich mich beim Erwachen schon normalerweise befinde. Ich weiß sehr wohl, dass es Menschen gibt, die glatt in die Welt fallen und alles im Bruchteil einer Sekunde problemlos parat haben. Als würde man die Fensterläden öffnen. Als würde man den Sand unter den Füßen spüren, nachdem man ans Ufer geschwommen ist. Ohne Umschweife, ohne Tasten, ohne Schwierigkeiten.

Für mich ist das Aufwachen, solange ich mich erinnern kann, eine komplizierte Angelegenheit. Am Morgen ist die Welt ergänzungsbedürftig. Angenähert, unvollständig. Ich habe ein paar Stücke, Teile. Andere fehlen. Die Dinge setzen sich nur langsam zusammen, wie die verstreuten Teile eines Puzzles, die eines nach dem anderen an ihren Platz zurückkehren, dem eigenen Rhythmus folgend, ohne dass ich diese Bewegung beschleunigen oder in anderer Weise auf sie einwirken könnte. Ich habe es versucht. Keine Chance. Stets erwartet mich beim Erwachen eine ungekämmte Welt. Ein krauses Durcheinander, gelegentlich bis zur Unkenntlichkeit entstellt.

Stellen Sie sich beispielsweise vor, alles wäre schwarzweiß, flach, ohne Relief und Farben. Oder Sie liefen durch fremde Straßen, mit Plakaten, Schildern und Geschäftsnamen in Buchstaben, die Sie nicht entziffern können – russisch, griechisch, hebräisch, tibetanisch, tamilisch, chinesisch. Oder Sie befänden sich in dichtem Nebel auf einem bekannten Weg: vertraute Entfernungen, die plötzlich anders erscheinen, verwischte Konturen, Geräusche, die fremd klingen, wie in Watte gehüllt. Dann haben Sie eine ungefähre Vorstellung von dem, was für mich der Morgen ist.

Doch heute Morgen wollte ich trotz des Nebels, der tamilischen Schilder, des Schwarzweißfilms unverzüglich beginnen. Sind alle Dinge wirklich Dinge? Bei meinem Bett wären sich beispielsweise alle einig, dass es sich um ein Ding handelt. Doch wenn ich ausgestreckt auf ihm liege, gelingt es mir nicht, es als ein Ding anzusehen. Mir will sogar scheinen, ich müsste eine heftige Anstrengung unternehmen, fast einen Gewaltakt leisten, um das Bett, auf dem ich mich befinde, als Ding wahrzunehmen. Es ist eher eine Haltung des Raums: zu liegen, ausgestreckt zu sein. Es ist eine Strukturierung der Welt, kein Objekt. Weder Lattenrost noch Metallrahmen. Das Bett als liegende Welt ist weder die Matratze noch das Holzgerüst, das sie trägt.

Diese Schwierigkeit verschwindet, sobald Sie das Bett von außen betrachten. Wenn Sie ein Bett kaufen, wenn Sie es abbauen oder reparieren, wenn Sie umziehen und es verrücken, einpacken, ausmessen, aufheben und wieder aufstellen (Geht es durch diese Tür? Und diesen Gang? In welchem Winkel?), wenn Sie sauber machen oder das Bettzeug wechseln – in allen diesen Fällen betrachten Sie das Bett ohne Zögern als ein Ding. Eines unter anderen, aber besonders, voller Symbolik, voller Emotionen, Erinnerung und Zukunft: Darin kommen wir zur Welt und sterben, darin lieben und träumen wir, darin weinen und vergehen wir. Unser ganzes Dasein findet auf diesem engen Raum Platz. Trotzdem ist es nur ein Ding, sobald wir damit hantieren oder es von außen betrachten.

Wie kommt es, dass diese Verlagerung des Körpers, dieser Übergang in die Horizontale, unsere Wahrnehmung so grundlegend verändert? Warum? Die Frage lautet natürlich nicht, ob das Bett möglicherweise aufgehört hat zu existieren, sondern wie es kommt, dass ich einfach nur durch das Daraufliegen nicht mehr in der Lage bin, es als Ding zu betrachten. Handelt es sich vielleicht um ein Teilzeit-Ding? Ein intermittierendes, unvollständiges, »bedeckungsveränderliches« Ding? Das ist umso schwerer zu begreifen, da ich es mit meinem ganzen Körper spüre. Ich empfinde, wie es mich vom Nacken bis zu den Fersen trägt. Rücken, Gesäß, Beine ruhen darauf und werden von ihm gestützt.

Aufrecht sitzend oder außerhalb des Bettes, erkenne ich sofort, dass es sich um ein Ding handelt. Ausgestreckt und drinnen, vermag ich es nicht mehr, es sei denn, ich gehe künstlich oder gewaltsam zu Werke. Vielleicht erscheint mir eine Sache, die mich trägt, nicht mehr als Sache. Das Bett, aber auch der Stuhl, der Sessel, das Sofa, der Schemel – sie alle sind vergessen, sobald ich auf ihnen liege oder sitze. Solange sie mich stützen, mein Gewicht tragen, unter mir bleiben, stabil und diskret, treten sie vollkommen in den Hintergrund. Werden unsichtbar. Stützen, nichts weiter. Taktile Gegenwart. Anders als die Dinge.

Der Fall ist gar nicht so selten. Wenn ich aus dem Auto steige oder mich hineinsetze, sehe ich es praktisch als eine Sache: eine Kiste aus Blech und Glas, am Straßenrand. Wenn ich dagegen fahre, nehme ich es als eine Erweiterung meines Körpers wahr, als eine bewegliche Hülle, die auf meine Befehle reagiert. Das Vergessen des Dingcharakters scheint eng mit dem Umstand verknüpft zu sein, dass wir getragen, gestützt, befördert werden. Der Zug ist ein Ding, das ich vom Bahnsteig aus sehe. Er ist es nicht mehr, wenn ich Passagier geworden bin. Dasselbe gilt für das Flugzeug, das uns jedes Mal verblüfft, wenn wir es auf dem Rollfeld sehen: so viel Metall, Mechanik und Masse. Drinnen wird man vollkommen von der reinen Kraft der Geschwindigkeit vereinnahmt.

Wir leben in verschiedenen Welten, je nachdem, ob wir stehen oder liegen. Es gibt ein liegendes Universum und ein stehendes Universum, und sie haben nur wenig gemeinsam. Desgleichen gibt es ein sitzendes Universum, ein kniendes Universum, ein hockendes Universum ... Und sie alle sind unabhängig voneinander. Definitionsgemäß können das senkrechte und das waagerechte Leben nicht parallel sein. Im Bett verändert sich jede Beziehung zum Raum. Und die Beziehung zur Zeit? Haben wir im Stehen und im Liegen die gleichen Überzeugungen? Die gleichen Gefühle? Die gleichen Gedanken?

Niemand sollte sich in dem Glauben wiegen, er könnte eindeutig und entschieden mit »Ja« oder »Nein« antworten. Wir glauben felsenfest an die Kontinuität der Welt, ihren einzigartigen Charakter. Aber legen Sie sich einmal, wenn Sie die Möglichkeit dazu haben, an Ihrem Arbeitsplatz der Länge nach auf den Fußboden, und betrachten Sie die Decke, oder blicken Sie über den Fußboden. Haben Sie wirklich *dieselbe* Welt vor Augen? Egal ob Sie mit Ja oder Nein antworten, müssen Sie sich in beiden Fällen nach der Bedeutung dieser Aussage fragen. Was heißt es eigentlich, wenn Sie sagen, es sei dieselbe Welt? Oder es sei eine andere? Fügt sich das, was ich, auf dem Bett oder dem Erdboden liegend, erblicke, mit dem zusammen, was ich stehend sehe? Auf welche Weise? Wo ist die Welt, die die beiden verbindet? Ist sie ein Gegenstand des Glaubens oder der Wahrnehmung?

Eigentlich ist das Bett ein Raumschiff. Zwischen zwei Welten.

Tür

In einem Büro,
am späten Morgen

Beim Heimkommen bemerke ich Staub auf der Wohnungstür. Von draußen im Treppenhaus. Es ist nur wenig Staub, aber er ist unübersehbar, auf der Kante der Zierleisten, oben und unten. Ich weiß nicht, warum es mich so befremdet, Staub auf einer Tür zu sehen, speziell auf einer Eingangstür.

Vermutlich, weil sie kein Ding wie andere ist. Sie ist doppelsinnig, mit zwei verschiedenen, ja, gegensätzlichen Gesichtern. Als »Tür« bezeichnet man eine Öffnung. In der Mauer, der Umfassung, dem Zaun, der Befestigung, je nachdem. »Tür« meint also die Lücke für den Verkehr, den Punkt der Durchquerung, der Unterbrechung in der Kontinuität der Umfriedung. »Tür« ist aber auch das Umgekehrte: das, was diese Öffnung schließt, das Loch stopft, den Durchgang verhindert. Ob aus Holz, Bronze, Stahl oder Glas – die Tür ist auch die Abdichtung der … Tür. Die Tür öffnet die Tür oder schließt sie. Die Tür könnte immer offen bleiben, wenn sie ohne Tür wäre.

Sie ist ein Ding, das die Gegensätze zusammenführt, sie fast zur Deckung bringt, miteinander verschmilzt. Wir neigen zu der Annahme, sie müsse entweder geöffnet oder geschlossen, vorhanden sein oder fehlen. Irrtum. Die Tür ist immer alles zugleich, alles zusammen. Sie vereinigt das Geöffnete und Geschlossene, nicht als zwei unvereinbare Gegensätze, sondern als die beiden Seiten derselben Wirklichkeit.

Es gibt auch solche Wörter, die zwei Pole einer Wirklichkeit zum Ausdruck bringen. Die meisten haben wir allerdings vergessen. Beispielsweise bedeutet das lateinische Wort *altus* sowohl die Höhe der Mauer als auch die Tiefe des Grabens, *sacer* bezeichnet einerseits das Heilige, andererseits das Verfluchte. Dieser Ambivalenz sind wir immerhin noch nicht entronnen. So sprechen wir vom Sakrament der Taufe, rufen aber auch »Sakrament noch mal!«.

Geschlossen und geöffnet – die Tür ist das Ding mit Doppelcharakter. Das, welches eingrenzt und durchbricht. Welches schützt und zurückstößt. Welches Zugang gewährt und verwehrt. Sie ist zugleich drinnen und draußen. Kein spiritueller Weg ohne Tor oder Tür. Sie ist allgegenwärtig in den Mythen, Riten, Heils- und Erlösungslehren, aber auch in der Darstellung des Verlustes. Denn die Tür vereinigt und trennt das, was vor ihr, von dem, was hinter ihr liegt. Sie gehört zu beiden Welten und in gewissem Sinne zu keiner von beiden.

Wenn ich eine Tür aufstoße, habe ich häufig das Gefühl, als würde ich das Universum wechseln. Auf der anderen

Seite wäre alles anders. Die Wörter hätten nicht mehr den gleichen Klang, die Gesten nicht mehr den gleichen Ablauf. Ich müsste die Gesamtheit von Leib und Seele anders organisieren. Das ist in der Tat häufig der Fall. Sollte man daher die Türen voller Staub lieber meiden? Was heißen würde, dass bei Ambiguität Sauberkeit angeraten ist?

Sandale

Zu Hause,
an einem Winterabend

Ich hätte die Sommersachen schon lange forträumen müssen. Vielleicht zögere ich es hinaus, weil ich mich nach dem Sommer sehne, nach der Wärme, die einem gestattet, ohne Pullover auszugehen, selbst bei Nacht. Die Sommersachen fortzuräumen, das heißt anzuerkennen, dass alles zu Ende ist und erst nach langer Zeit wiederkehrt. Ich werde damit anfangen, dass ich die Sandalen in eine Kiste räume. Der Leinenstoff von Espadrilles, den man an den Zehen spürt und der oben ein bisschen in den Fuß einschneidet, der Schuh, der am Spätnachmittag nach den Stierkämpfen in den Arenen herumliegt. Seine geflochtene Sohle, die hart wie Holz wird, wenn man abends im warmen Regen oder morgens am Strand in den auslaufenden Wellen geht. Oder die Badesandalen, voller Algen, die durchsichtigen aus Kunststoff, in denen sich Sand und winzige Steinchen festsetzen, manchmal auch kleine Bruchstücke von Muscheln. Oder die Lederlatschen aus dem Süden, die nur am Zeh oder am Fußgelenk befestigt werden, um den Fuß vor dem heißen Sand oder den Steinsplittern zu schützen.

Sie mag ich am liebsten. Nichts als ein großes Stück Leder, dick und weich, kaum eine Sohle zu nennen und durch Riemen gehalten, einfach und haltbar. Während ich die Vertreter des letzten Sommers forträume, schon abgetragen und verkratzt von den Spaziergängen auf den Felsen, wird mir plötzlich klar, wie sehr sich dieses offene Leder, das flach wie eine Hand ist, von unseren üblichen Schuhen unterscheidet. Ein hübsches Aufsatzthema: »Ist die Sandale ein Schuh?« Sie haben vier Stunden Zeit.

Erster Teil. Für die schlichten Gemüter ist die Frage klar. Zur Kategorie der Dinge, die sich dem menschlichen Fuß anpassen und ihn schützen (vor Verletzungen, Kälte, Staub ...), gehören Stiefel ebenso wie Mokassins, Schnabelschuhe genauso wie Pumps. Offen oder geschlossen, hoch oder flach, aus Leder, Filz, Kunststoff, alle diese Dinge fallen, so sagen sie, letztlich in die gleiche Gruppe.

Zweiter Teil. Überleitung, Einwand. Noch schlichtere Gemüter melden bei einem genaueren Blick auf Sandalen und Schuhe Zweifel an. In der Regel lässt ein Männerschuh keine Zehen sehen. Er stellt den Fuß nicht zur Schau. So gesehen, wäre die Sandale also ein unvollkommener Schuh. Verstümmelt oder rudimentär. Ein durchlöchertes Gebilde. Ein abgespeckter Schuh, unterlegen, was Gewicht, Bequemlichkeit und Würde anbelangt. Ein Ding, das zur Ausstattung unserer peinlichen Sommer gehört, wo alles verstümmelt ist (man denke nur an Shorts und Unterhemden).

Dritter Teil, Einwand gegen den Einwand, Erörterung. Die noch schlichteren Gemüter, Philosophen vielleicht, wenn es sie denn gibt, werden über solche Urteile staunen. Die Schuhe sind nämlich nicht immer so wasserdicht und schwer wie in kalten Gegenden. Überall sonst kann die Sandale völlig legitim ein gleiches Recht auf Würde für sich in Anspruch nehmen. Und fast überall gegenüber dem Schuh auf ihr Erstgeburtsrecht pochen. Man denke nur an die griechische Siegesgöttin, die »sandalenlösende Nike« auf der Akropolis, man denke auch an Indien, Ägypten, China – die Weltgeschichte lässt nicht erkennen, dass man die Sandale dort in irgendeiner Weise als unvollständig empfunden hätte.

Schlussteil, Perspektivenwechsel. Könnte man nicht behaupten, dass die Sandale letztlich überflüssig sei? Zu diesem Schluss jedenfalls kämen die schlichtesten Gemüter unter uns, diejenigen, die wissen, dass unser Fuß seit unvordenklichen Zeiten nackt auf Erde und Fels geht, auf Sand und Schlamm, Gräsern und Moos. Wir brauchen nur einige Tage barfuß zu gehen, um wieder zu spüren, welche Last die einfachste Sandale sein kann. Angesichts all dessen, was gesagt wurde, kann man also vom Doppelcharakter der Sandale sprechen: Weder Schuh noch Nicht-Schuh, bezeichnet sie die Möglichkeit, einen ganz anderen Schuh zu denken.

Die kleine Kiste ist fast voll. Es wird Zeit, dass ich die Blätter abgebe. Doch vorher will ich den Aufsatz noch einmal durchsehen. Viele wichtige Aspekte sind ausgelassen worden, viele Literaturverweise, sehr klassische (Hermes, Empedokles etc.), unterblieben. Die meisten haben nicht erfasst, dass die Sandale eine Zwischenstellung einnimmt. Sie ist ein Musterbeispiel für Mittlerrolle und Schnittstelle: An der Grenzfläche zwischen Natur und Kultur trennt und vereinigt sie Fuß und Erdboden. Sie verkörpert die Grenze zwischen den Welten, die Haut, die ihre Koexistenz und Zusammenfügung ermöglicht. Man hätte erwähnen, möglicherweise sogar ausführen können, dass sich die Sandale zwischen Fleisch und Boden befindet, zwischen Vergangenheit und Gegenwart, Handwerk und Industrie, Osten und Westen, Norden und Süden, warm und kalt. Da sie auch Anteil an der Bewegung, der Leichtigkeit, dem Wind hat, was spricht gegen die Behauptung, sie sei das Scharnier der Welt?

Gabel

In der Küche,
eines Morgens

Wer interessiert sich heute Morgen für eine Gabel, außer mir? Menschen, die sie benutzen, gibt es wie Sand am Meer. Einige sortieren sie vielleicht, reinigen oder restaurieren sie. Antiquitätenhändler und Museumsangestellte bemühen sich eifrig um historische Gabeln. Bestimmt. Doch wen außer mir gibt es in diesem Augenblick, der eine Gabel als Gegenstand der Meditation wählt, der über ihre Form, ihren Sinn, ihre Stellung in der Welt, ihren vielleicht einzigartigen Platz in der Ordnung der Dinge nachdenkt?

Vielleicht bin ich in dieser Sekunde der einzige Mensch auf der Welt, der versucht, sich auf eine Gabel zu konzentrieren. Diese Hypothese steigert meine Verantwortung. Und wenn ich scheitere? Oder wäre es etwa kein Misserfolg, wenn dem einzigen Menschen auf der Welt, der in diesem Moment seine interessenlose, grundlose, vollkommen ideale Aufmerksamkeit auf eine Gabel richtet, nichts einfiele, das er sagen könnte? Wäre es nicht ein Misserfolg für die ganze Menschheit, da ich doch als ihr einziger Vertreter diesen undankbaren Platz einnehme? Müsste man daraus nicht schließen, dass die Menschheit in ihrer Gesamtheit, verkörpert in meiner Person, an diesem Morgen *nichts über die Gabel zu sagen wüsste*?

Ich werde unserer Art diese Schande ersparen. Ich denke, ich bin in der Lage, die Grundlagen einer komparativen Gabologie zu liefern. Denn was ist eine Gabel im Grunde anderes als eine Anti-Schale? Wie die Schale hohl und tröstlich ist, so ist die Gabel spitz und aggressiv. Sie beschützt und greift an. Sie behütet und durchbohrt. Zuerst gab es die Schale, archaisch und irden. Dann kam die Gabel, modern und metallisch. Bestimmt hat sich die Gabel ursprünglich aus dem Pfahl, der Lanze, den geschliffenen und im Feuer gehärteten Spitzen entwickelt, doch zu ihrer Herstellung sind andere Techniken erforderlich als die der Töpferei. So ist ihre Entstehungsgeschichte eng mit der sozialen Evolution verknüpft.

Soziologen haben Entstehung und Aufschwung dieser Evolution von der Renaissance bis zum klassischen Zeitalter nachverfolgt. Schluss mit dem Spucken und Rülpsen. Kein Gefurze mehr und keine Finger in der Soße. Vorbei mit der Möglichkeit, sich die Nase mit dem Ärmel zu putzen. Daher die Knopfreihe an den Manschetten: Sie sollte verhindern, dass man sich damit über die Nase fuhr (die Rudimente kann man heute noch an allen Herrenjacketts sehen). Die Geburtsstunde des Taschentuchs. Zur gleichen Zeit wurde die Gabel erfunden. Vorbei die Lust, mit beiden Händen ins Fleisch zu greifen und sich die richtige Mischung in den

Handflächen zurechtzukneten. Alles wurde indirekt, vermittelt. Man hantierte mit der Nahrung aus der Ferne. Am Ende eines Spießes, die Stücke bereits mundgerecht zugeschnitten. Das hatte nichts mehr zu tun mit den Zeiten, als man die Zähne in den Braten schlug, die Lippen aufstülpte, als das Bratenfett den Hals hinablief und man sich den Bissen mit der Kraft der Kiefer herausriss. Jetzt ging es säuberlich, geordnet, instrumentiert zu. Man hantierte mit maßvollen Bissen, aus der Distanz, abstrakt. Insofern steht die Gabel für die Idee der Nahrung. Ein ätherischer, geläuterter Essvorgang. Ist die Gabel ein platonisches Ding? Ich habe keine Ahnung.

Fest steht, dass Entstehung und Verbreitung der Gabel etwa in dieselbe Zeit fallen wie die Entwicklung der modernen Wissenschaft und der Höflichkeit. Es könnte sein, dass es sich um drei verschiedene Seiten der gleichen Grausamkeit handelt. Distanzierung der Nahrung. Mathematisierung der Welt. Konventionelle Neutralisierung der Beziehungen zueinander. Beleg: Völker ohne Gabel kennen keine exakten Wissenschaften und keine Heuchelei. Beinahe jedenfalls ...

Im Endeffekt entzieht sich die Gabel jedoch. Sie zu fassen ist schwierig. Naiv meinte ich, sie liege auf dem Küchentisch, und nun finde ich sie irgendwo zwischen Renaissance und Anthropologie. Rieselt es schon in meinem Hirn? Oder gibt es kein isoliertes Ding, das sich selbst genügt? Ist möglicherweise jedes Element einer Reihe? Ein Punkt in einer Folge? Ein Moment in einem Prozess? Oder was?

Zugfahrkarte

Auf dem Bahnhof,
bei der Abfahrt

Ein paar Minuten zu früh bin ich auf dem Bahnhof eingetroffen. Ich habe schon eine Fahrkarte und daher Zeit genug, um einen Kaffee zu trinken. Während ich ihn schlürfe, beginne ich mechanisch, die Zugfahrkarte zu lesen. Zum ersten Mal entziffere ich, was dort geschrieben steht: Nummer des Bahnhofs, Zugnummer, Bestimmungsort, Ankunfts- und Abfahrtszeit, Klasse, Waggonnummer, Platznummer, Preis, außerdem oben und unten auf der Karte: »Vergessen Sie nicht, Ihren Fahrschein zu entwerten!«, dann eine Ziffernfolge, deren Bedeutung ich ebenso wenig kenne wie Sie. Allerdings spricht einiges für die Annahme, dass irgendwo in irgendeinem Speicher irgendeines Rechners diese Ziffernfolge abgelegt wurde. Wozu wäre sie sonst auf der Fahrkarte?

Ich betrachte die Fahrkarte, ohne mich um die Zeichen zu kümmern. Ein Rechteck aus dickem Papier mit einer weißen Rückseite, die von einem Magnetstreifen durchzogen ist, und einer farbigen Vorderseite, ein Ton zwischen Beige und Rosa. Dieses Stück Papier lässt sich wie jedes andere falten, zerschneiden oder verbrennen. Die üblichen physikalischen Eigenschaften. Trotzdem ist sie ein Ding von besonderer Art. Weit verbreitet zwar, aber dennoch besonders, weil Dinge von dieser Art keinen anderen Dingen gleichen. Ihr einziger Zweck ist es, gegen etwas anderes, eine Dienstleistung, ausgetauscht zu werden. Die Aussage, dass mir die Fahrkarte zum Reisen dient, wäre irreführend: Nur der Zug – die Lokomotive und die Waggons – bringt mich von einem Ort zum anderen. Trotzdem ist richtig, dass die Fahrkarte zum Reisen dient: Sie erlaubt mir, den Zug zu benutzen, da sie bezeugt, dass der Fahrpreis entrichtet wurde. Ökonomisch betrachtet bin ich ein legitimer Benutzer dieses Zuges, eines bestimmten Waggons, eines bestimmten Platzes. Wie jeder weiß, habe ich diese Fahrkarte gegen Geld eingetauscht und werde nun gleich diese Fahrkarte gegen die Zugfahrt eintauschen.

Karten für Reisen (mit dem Zug, Flugzeug, Schiff) und für viele andere Zwecke (U-Bahn, Bus, aber auch Kino, Theater, Ausstellungen, Konzerte und so fort) sind Belege für eine wirtschaftliche Transaktion. Das ist ihre einzige Daseinsberechtigung. Ihr Besitz erweist sich nur in einer sozial und geographisch definierten Zone als nützlich. In Paris können Sie nichts mit einer New Yorker U-Bahn-Karte anfangen (und umgekehrt). Außerdem haben diese Fahr- und Eintrittskarten im Allgemeinen eine ziemlich kurze Gültigkeit. Für die Dauer eines Tages oder eines Monats. Einmal abgelaufen, haben sie nicht mehr Wert als irgendein Stück Papier. Das wissen Sie natürlich alles.

Doch haben Sie jemals die geringste Beziehung zwischen einer Zugkarte und dem entdeckt, was Sie zum Tausch dafür bekommen? Welchen Zusammenhang gibt es zwischen diesem rechteckigen Stück Papier und der Tatsache, dass ich gleich 500 Kilometer südlich von hier sein werde? Sicherlich haben Sie auch schon bemerkt, dass im Aussehen kein erkennbarer Unterschied herrscht zwischen den Karten, welche die doch sehr unterschiedlichen Eigenschaften besitzen, mir die Fahrt nach London, Berlin oder Kopenhagen zu gestatten. Genauso wenig gibt es grundlegende Unterschiede zwischen den Flugtickets nach Tokio, San Francisco, Bamako oder Lima. Und keine Banknote besitzt eine erkennbare Affinität mit einer der unzähligen Waren, die man im Austausch für sie erhalten kann. Jeder dieser Scheine, egal ob Geld- oder Fahrschein, hat etwas charakteristisch Doppelsinniges: ein Ding, das in gewissem Sinne kein Ding ist. Dieses Zeichen-Ding verkörpert die rein soziale Verwendungsweise, kaum materialisiert durch ein paar Zeichen auf der Oberfläche des Papiers.

Teekanne

Im Hotel,
zwischen zwei Terminen

Zwischen zwei Terminen bleibt gerade Zeit für einen Tee. Ich habe schon lange keinen mehr getrunken. Aber warum nicht? Und jetzt bestelle ich einen. Aber aus welchem Grund? So viele Dinge bleiben dunkel: das, was man tut, nicht mehr tut, aufhört zu tun, wieder anfängt zu tun. Die meisten der Entscheidungen, von denen wir meinen, wir hätten sie im Lichte des Bewusstseins getroffen, frei gewählt, bleiben rätselhaft und unverständlich. Ich habe also – ich wiederhole es – einen Tee bestellt und keinen blassen Schimmer, aus welchem Grund. Früher mochte ich Tee. Ich habe ihn täglich getrunken, mehrere Male pro Tag, jahrelang. Eines Tages fing ich an, nur noch Kaffee zu trinken, ohne die geringste Ahnung zu haben, aus welchem Beweggrund ich den Wechsel vornahm. Hier sitze ich nun und warte auf einen Tee, den ich bestellt habe, ohne im Mindesten zu wissen, warum. Eine plötzliche Lust, einfach so, ohne Grund? Das wäre eine beruhigende Vorstellung, aber nein, ich glaube nicht daran. Natürlich gibt es Gründe. Natürlich kenne ich sie nicht. Und genau das gilt es auszuhalten: nicht zu wissen, was sich im eigenen Kopf abspielt, ohne daraus eine große Affäre zu machen.

Der Kellner kommt mit dem Teetablett. Das Hotel macht nicht viel her, hat aber Silbergeschirr und Lebensart. Die Teekanne ist in eine Art Mantel oder Steppdecke gehüllt, die den Tee länger warm halten soll. Das ist ziemlich lächerlich, aber gut gemeint. Unter dem Mantel erscheint weißes Porzellan. Einfach, sogar rustikal, aber sehr rund, prall, fast bauchig.

Trotzdem verblüfft mich diese Teekanne. Was ist ihr Kennzeichen? Ist sie nicht ein Abkömmling der Schale, den die Evolution im Laufe der Generationen mit einer Tülle, einem Henkel, einem Deckel ausgestattet hat? Die Antwort genügt nicht. Die Struktur der Schale findet sich in vielen anderen Dingen wieder. Die Teekanne hat jedoch noch andere Eigenschaften. Aber welche? Ihre Besonderheit hat sicherlich mit ihrer Funktion zu tun. So gesehen, ist sie vor der Tasse angesiedelt: in der Ordnung der Funktionen zwischen dem Teekessel und der Tasse. Es gibt Dinge, deren Geschicke allein durch unsere Handlungsabfolgen miteinander verbunden sind, obwohl sie untereinander in keinerlei direkter Verbindung stehen. Die Teekanne ist also eine Art Ober-Schale, eine beförderte Schale, die man mit Sonderaufgaben betraut hat: aufgießen, ziehen lassen, die Aromen der Blätter im kochenden Wasser auflösen. Seltsame Arbeit, welche die Teekanne verrichtet: Arbeit ohne Bewegung und

Lärm, einzig beruhend auf der Wärme, der Zeit und der Abgeschlossenheit. Nach innen verlagerte Arbeit. Erdboden, Bauch, Kopf – diese Produktionssphären sind unfähig, ihre Prozesse zu beschleunigen, und arbeiten im Dunkeln. Die Teekanne gehört zu dieser Gattung.

Sie ist auch ein Ding mit Gebrauchsspuren, winzigen Ablagerungen, Patina. Darin verwandt mit der Pfeife, den Tonschüsseln, den unglasierten Fliesen, den Dingen, denen sich die Zeit als feine, bräunliche Schicht einschreibt. Tatsächlich gibt es diese Dinge nicht ein für alle Mal, sie sind ständig im Werden. Sie nutzen nicht ab. Im Gegenteil, sie legen zu, werden reichhaltiger. Im Laufe der Zeit runden sie sich und verändern ihre Färbung. Nie sind sie vollendet, sondern werden unaufhörlich zugleich glatter und dichter.

Computer

Zu Hause,
in einer Winternacht

Klares, gleichmäßiges Leuchten. Mehr noch als aus Kunststoffgehäuse, Kabeln, Prozessor, Tastatur und peripheren Geräten besteht der Rechner aus Licht. Konstant. Gleichgültig gegen das, was er übermittelt, unveränderlich. Egal worum es sich handelt, Texte, Bilder, Zahlen, Musik, Filme, Berechnungen, Geschäfte, Zerstreuung, laufende Arbeiten, Recherchen, Nachrichten von Freunden, Informationen, Konzepte, fertige Texte, Entdeckungen, Irrtümer, Fehler, Verblüffendes, Routine, Abstürze … alles vollzieht sich in diesem unermüdlichen, ätherischen Licht. Untrennbar von den Inhalten, auf dem Bildschirm vollkommen vermischt mit dem Text oder dem Bild, und doch nicht mit ihnen zu verwechseln.

Als ich meinen Rechner an diesem Abend einschalte, ahne ich, wie sehr dieses Licht die Verwandtschaft von Computer und Bewusstsein unterstreicht. Ohne diesen leuchtenden Halo hätten wir eine ganz andere Beziehung zu dem Gerät. Doch diese graue, lunare, hartnäckige, zähe und gleichzeitig so überlegen neutrale Aura erschwert die Einordnung dieses Dings. Wie ein Klon des Bewusstseins. Infolge dieses unablässigen Flimmerns sind wir augenblicklich bereit, den Computer als eine Erweiterung unseres Geistes anzusehen.

Anhangsgebilde, Erweiterung des Kopfes. Jedes Mal, wenn das Ding aufleuchtet, habe ich ganz konkret das Empfinden, einen Teil meiner Seele in Gang zu setzen. Dort befinden sich Ideen, Wendungen, ganze Bücher, die für mich nur in dieser Form zugänglich und nutzbar sind. Wenn der Rechner hoch- oder herunterfährt, aufleuchtet oder verlischt, unter Spannung steht oder nicht, leuchtet oder dunkel ist, den Zugang erlaubt oder verwehrt – jedes Mal dehnt er das Bewusstseinsfeld aus oder schränkt es ein.

Dieser Umgang mit dem merkwürdigen Ding – halb Ding, halb Lebewesen – gehört meiner Generation an, der Generation der Grenzgänger, Ambigen, Mutanten. Die nachfolgenden Generationen gehen müheloser mit dem Computer um, finden sich intuitiver mit ihm zurecht, benutzen ihn einfallsreicher und innovativer als wir, die wir es als Erwachsene haben lernen müssen und nicht mit der Muttermilch eingesogen haben. Wir haben noch ganz anders lesen und schreiben gelernt. Bücher, Hefte, Tinten, Streichungen, Kleckse (so nannte man die großen Tintenflecke in den Heften, damals in unseren Schulen [Anmerkung für die jüngeren Generationen]). Lange Zeit danach, längst erwachsen geworden, mussten wir umlernen, vom

Papier auf die Tastatur umsteigen, vom Füller auf den Bildschirm, ohne genau zu wissen, wohin das führen würde.

In der nun schon lange zurückliegenden ersten Zeit meiner Bekanntschaft mit dem Computer fertigte ich meine Entwürfe zunächst noch auf dem Papier an. Das leuchtende Ding benutzte ich nur für die letzte Reinschrift, wie eine verbesserte Schreibmaschine, deren Erzeugnisse keine Korrekturspuren mehr zeigten. Eines Tages wagte ich dann den Sprung. Drei Notizen auf einem Blatt Papier zur Sicherheit. Für alles andere die Hände auf die Tastatur, die Augen auf den Bildschirm. Stunden, Wochen, Monate, Jahre, Artikel, Konferenzen, Studien, Bücher – alles auf diese Weise, direkt in den Rechner. Es kam eine Zeit, wo ich fast nicht mehr mit der Hand schreiben konnte, abgesehen von einem flüchtig hingeworfenen Wort, einer Notiz, einer Zahl. Das Schreiben vollzog sich fortan auf dem Bildschirm. Sonst fehlte die Bewegungsfreiheit, der Fluss. Und die säuberlichen Funktionen der Kontrollen, Formate, Schriftarten, Zeilenlängen, der Stilhilfen. Rascher, vielleicht. Sauberer, bestimmt. Aber sonst nichts. Bis zu dem Tag, an dem ich mich – eigentlich ohne zu wissen, warum – plötzlich dazu entschloss, wieder mit der Hand zu schreiben. Seither mache ich bestimmte Arbeiten am Bildschirm, andere von Hand. Wie es kommt. Die Texte treffen die Entscheidung.

Die Angehörigen meiner Generation haben einen Fuß in der virtuellen Welt, den anderen in derjenigen der Tinte und der kratzenden Feder. Sie stehen zwischen der alten Ordnung: Bücher, Papier, Regale. Rotationsmaschinen, Zeitungen, Kioske. Und der neuen: Bildschirme, Server, Websites. Augenblicklichkeit, Auslagerung, instantane Übermittlung reiner Information. Zwischen diesen beiden Welten gibt es eine Vielzahl von Klappen und Türen: Scanner, Digitalisierung, Texterkennung. Nach und nach findet die alte Welt durch diese unzähligen Türen Eingang in das neue Ding ohne Namen, das fließend und global ist, in dem die Texte nicht mehr voneinander getrennt sind, sondern einen einzigen riesigen Teppich bilden.

Diese unendliche Sprachwolke hält Überraschungen bereit. Sie wird von Stürmen gebeutelt, von Strömungen und Verwerfungen durchzogen. Plattentektonik, Kontinentalverschiebung, Evolution der Arten. Der Computer von einst, diese überholte Kiste für Autisten, ist zum Einfallstor für die unaufhörliche Mischung der Kulturen geworden. Das Leben ist dort allgegenwärtig. Der Beweis: die Viren. Ihre Existenz belegt die Ähnlichkeit zwischen Computerwelt und dem wirklichen, schmutzigen, kranken, mutanten, behinderten Leben. Und vor dem Hintergrund der fortwährenden, unserem Bewusstsein entzogenen Rechenoperationen – das gleichmäßige Licht.

Schwamm

Im Badezimmer,
eines Morgens

Zu den Dingen von ungewissem Status, den halb lebendigen, gehört zweifellos auch der Schwamm. Ich begreife das in dem Augenblick, als ich mein Waschbecken säubere. Es gibt relativ wenige Dinge, die absorbieren können. Unter ihnen besitzt der Schwamm eine fast unbegrenzte Fähigkeit, etwas aufzunehmen und wieder von sich zu geben. Er verschlingt Spuren, Schmutz, Dreck und lässt alles verschwinden. Dann scheidet er es aus und kann von neuem beginnen. Insofern bietet er ein anderes Gleichnis für das Gedächtnis als der Rechner. Dieser behält jede Einzelheit binär, indem er alle Informationen in Folgen von Einsen und Nullen verwandelt. Der Schwamm repräsentiert eine andere Gedächtnismethode. Er nimmt auf, saugt sich durch alle Poren voll. Er fasst Flüssigkeiten wie die Schale, aber auf ganz andere Art. Indem er sie in sich hineinlässt, in sein Fleisch, wird die Flüssigkeit Teil seiner selbst. Sein Gedächtnis absorbiert, verschlingt, verinnerlicht, öffnet die Fasern seines Herzens, auf die Gefahr hin, sich zu verfärben und zu ersticken, ganz zu durchweichen. Seine Gedächtnisleistung beruht auf Speicherung. Der Schwamm bewahrt in seinem Inneren weit mehr auf, als man meint. Wir gehen durchs Dasein wie Schwämme. Vielleicht auch wie Computer, indem wir codieren und decodieren. Ganz gewiss aber wie Schwämme – und speichern in unseren Fasern die Substanz und die Schlacke unzähliger Orte, Gefühle, Körper, Objekte, Gerüche, Augenblicke, die wir nicht alle behalten können. Die wir nicht alle rekonstruieren können. Noch nicht einmal unterscheiden. Ein Ding, das offen für den Kreislauf ist. Durchlässt.

Gefriertruhe

In der Küche,
am Ende des Tages

Ich fahre mit dem Schwamm über die Tiefkühltruhe. Soße war verschüttet. Die Flüssigkeit hat eine bräunliche Spur auf der weißen Emailschicht hinterlassen. Doch diese ist rasch absorbiert, resorbiert und die kühle, glatte, weiße Oberfläche wiederhergestellt. Das Werk des Schwammes. Wie vorher, als wäre nichts geschehen. Abermals erglänzt die Vorderseite, senkrecht und sauber, metallisch und schneeweiß.

Die Gefriertruhe ist eines der geheimnisvollen Geräte. Sie gehört zur Familie der rätselhaften Dinge, der Dinge, die staunen machen und verunsichern: Oberfläche, Volumen, Tür, Inneres – alles zugänglich, und doch weiß man nichts so richtig und klar. Das sind die Dinge, die uns verschlossen sind, die sich verschließen. Die Kisten, die ihr Geheimnis in sich tragen. Man gewöhnt sich daran, man nimmt es hin. Aber man weiß nie genau, wie sie eigentlich funktionieren. Wie wird die Kälte erzeugt? Wie bleibt sie konstant? Warum ist sie so intensiv? Warum konserviert eine so heftige Kälte Lebensmittel, die normalerweise schlecht werden und verderben, über Tage, Wochen und Monate? Wir sind daran gewöhnt. Es erstaunt uns nicht mehr. Tatsächlich aber begreifen wir gar nichts. Jedenfalls gilt das für fast alle. Ich weiß natürlich, dass es Ingenieure und Biologen gibt, die Bescheid wissen, die wissen, warum und wie, und in der Lage sind, es zu erklären. Aber sie sind sehr selten. Und in ihrer Zuständigkeit zwangsläufig sehr eingeschränkt. Wer weiß, wie die Tiefkühltruhe funktioniert, dürfte Schwierigkeiten haben, den Fernsehapparat, den Computer oder den Heizkessel zu erklären.

Bei diesen Kisten verhält es sich so, dass die Menschen, die das Geheimnis der einen besitzen, das der anderen nicht kennen. Unwissenheit wird zur verbreitetsten Sache der Welt, unaufhaltsam nimmt sie in dem Maße zu, wie sich Wissenschaft und Technik entwickeln. Die Vervielfältigung der leistungsfähigen und komplizierten Objekte, äußerst raffiniert und vollkommen erklärbar, führt zur Vervielfältigung des Stumpfsinns und der Passivität. Angesichts der uns verschlossenen Dinge, deren Kräfte nur von anderen erklärt werden können, ziehen wir uns auf eine kindliche Haltung zurück.

Nur ungern gestehen wir es uns ein. Es ist nicht angenehm, unwissend und passiv zu sein und die Welt nicht durchschauen zu können. Auf ein paar armselige Annahmen angewiesen zu sein. Allenfalls in der Lage, mit Resten von Erfahrungen und Erklärungen vage Geschichten zu erfinden, die die Löcher notdürftig stopfen. Viele kleine Mythen, im Schatten der Unwissenheit zusammengestoppelt, die als Dichtungen herhalten müssen. Zwischen Lachen und Schrecken.

Bei der Tiefkühltruhe vor allem kommen wir aus dem Staunen nicht heraus. Stets haben wir zu Hause Fisch und Fleisch, Gemüse und Obst zur Verfügung, frisch und schmackhaft ... was könnte wunderbarer sein: ein Sieg über die Zeit, das Verderben, den Tod. Und dieses Gerät, mit dem sich die Wirkung der Zeit aufheben lässt, konserviert nicht nur die Grundstoffe, sondern auch das, was Sie vorgekocht haben! Dabei hat sie gewiss einige Monster hervorgebracht: Suppe in Würfeln, Soße in Stücken, Saft zum Zerbrechen, steinhartes Fleisch. Transmutation von Flüssigem in Festes, von Weichem in Hartes. Erbsen, aus denen Kieselsteine, Fische, aus denen Holzscheite werden. Ein alchimistisches Ding? Eine Transsubstantiationsmaschine?

Ich erinnere mich an den Himalaja. An sein Vorgebirge, an Sikkim. Dort entnahm ich einem Bild am Eingang eines Lamaklosters, dass es bei den Buddhisten kalte Höllen gibt. Unsere sind immer vom Gluthauch des Feuers durchweht. Man brennt dort. Bei den Buddhisten in Tibet gibt es gleichfalls Feuerhöllen, den unseren sehr ähnlich, aber auch Eishöllen, mit blau angelaufenen, im Frost erstarrten, versteinerten Leibern. Zu dieser Gattung gehört die Tiefkühltruhe.

Hinter ihrer weißen Tür und emaillierten Ruhe erstreckt sich eine verstörende Welt an den Grenzen des Todes, außer Kraft gesetzten Lebens, in der Kälte erstarrter Zeit. Fragen über Fragen: Ist Wärme tödlich? Hält Kälte die Zeit an? Aber warum? Was für eine Beziehung gibt es zwischen dem Leben, der Temperatur, dem Tod? In welchem Zustand befinden sich eingefrorene Embryonen tatsächlich? Oder Spermaflocken? Was hat es mit dieser frostversiegelten Zone auf sich, die weder ganz tot noch ganz lebendig ist? In welcher Daseinsschicht hält sich dieses reduzierte Leben von unbegrenzter Dauer auf? Warum ist die Tiefkühltruhe eine Anti-Uhr, die mit dem Tode schachert?

Handy

Auf einer Treppe,
zwischen zwei Terminen

Ich schicke mich gerade an, die Treppe hinabzusteigen, da läutet es in meiner Tasche. Stets läutet es genau in dem Augenblick, da … Eine Aura von Lobreden und Kreditkarten umgibt das Mobiltelefon. Es ermöglicht uns, an jedem beliebigen Ort mit jedem beliebigen Menschen zu sprechen. Trotzdem gehört es zu den Dingen der schlimmsten Art. Auch das Handy hat zwei Seiten, ist Hilfe und Fessel zugleich. Seine Bequemlichkeit, seine Verfügbarkeit, seine Allgegenwärtigkeit sind auch die Gründe für seine Unausstehlichkeit.

Es ist das Ding, das mit völlig unpassenden Melodien läutet, das vibriert oder blinkt, das Sie in Ihrer Tasche, an Ihrem Gürtel, in Ihrem Fahrzeug, sogar über Ihrem Herzen darauf aufmerksam macht, dass jemand Sie sprechen möchte, dringend, augenblicklich, eine Auskunft von Ihnen haben, Ihnen einen Auftrag erteilen, Ihnen einen Vorschlag unterbreiten, von sich erzählen oder von Ihnen hören möchte. Und das auf der Stelle, egal wo Sie gerade sind oder was Sie gerade tun.

Das Handy ist wie die Uhr: Es unterwirft uns erbarmungslos äußeren Zwängen. Doch die Uhr hat etwas Unpersönliches und unbeirrt Regelmäßiges. Das Handy hängt von bestimmten Menschen ab und macht uns von ihnen abhängig, von der Zufälligkeit ihrer Stimmungen und Bedürfnisse. Die Beliebigkeit individueller Launen, die uns unvermittelt in unseren Tätigkeiten und Gedanken stören, an Orten, wo wir gemeinhin nichts mit diesen Leuten zu tun haben und wo sie unter Umständen nicht einmal geduldet wären.

Sie wenden ein, das sei das Prinzip des Telefons überhaupt: die unvorhergesehene Unterbrechung, durch jeden beliebigen Anrufer. Eine sehr spezielle Form der Rücksichtslosigkeit in menschlichen Beziehungen. Das Prinzip selbst sieht nicht die mindeste Rücksichtnahme auf das vor, womit das denkende und fühlende Wesen am anderen Ende der Leitung befasst sein, worin es durch das Läuten unterbrochen oder gestört werden könnte. Doch von dem Telefon alter Machart konnte man sich trotz allem entfernen. Man hatte die Möglichkeit, sich dem Apparat mit festem Standort zeitweilig zu entziehen. Eine Zeit lang konnte man es so einrichten, dass man auf keinen Fall erreicht, belästigt oder in Beschlag genommen werden konnte. Solche Fluchten versucht das Handy zu verhindern.

Sie wissen so gut wie ich, dass es ihm nicht gelingt. Eine Reihe von Tricks gestatten uns, diesen dauernden und überall stattfindenden Unterbrechungen zu entgehen. Mailbox, SMS, Rufumleitung und andere Einrichtungen geben uns das Recht, den Augenblick hinauszuschieben. Allerdings erwartet man von uns, dass wir die Nachrichten so bald wie möglich abrufen, uns ihrer atemlos annehmen, eifrig, ein bisschen schuldbewusst, sobald die Verbindung wiederhergestellt worden ist. Weil das Grundprinzip des Handys, sein Daseinszweck, seine unbestrittene Existenzberechtigung die fortwährende, unaufhörliche, unbegrenzte, permanente Verbindung bei Tag und Nacht ist. Angesichts all dessen, was Sie auf Ihrem Handy haben – Ihrer Faxe, Fotos, Aufträge, Infos, E-Mails, Mailboxnachrichten, Fernsehsender, Lieblingsfilme, Gesundheitsratschläge, Pulsfrequenzen, Blutdruckwerte, Glukosespiegel, des Notrufs, der in dringenden Fällen auch ohne Batterie ausgelöst werden kann, der UKW-Frequenz, des Wetterberichts, der Börsennachrichten –, angesichts all dessen, was zum Überleben notwendig ist, gibt es nur ein Gebot: Stell das Handy nicht ab!

Das Ziel: ein Innen und Außen herzustellen. Einst lebten die Menschen in *einer* Welt. Heute gibt es ein Draußen, in dem die nicht verbundenen Menschen leben. Diese wissen nicht, was sie riskieren. Vielleicht sind sie schon jetzt verloren, wie jene frühmenschlichen Arten, die, wie es heißt, noch in einigen Küsten- und Gebirgsregionen überleben, dort, wo die Antennen und Sender nicht hinreichen. Dieses Draußen schwindet von Tag zu Tag. Die Erfassung ist universell. Die Handys werden immer kleiner und kleiner. Und je stärker sie schrumpfen, desto mehr Funktionen haben sie. Kommunikationsmittel, Einsamkeitsmaschinen. Sei überall und immer frei. Dies der kleinste gemeinsame Versklaver.

Fragen 2

Beim Fortschreiten dieses Experiments merke ich, dass es mehr Fragen aufwirft, als ich gedacht habe. Erneut versuche ich, Bilanz zu ziehen, aber mir ist klar, dass der Versuch immer ungewisser wird.

Tatsächlich weiß ich nicht, wo ein Ding anfängt und wo es endet. Die Grenze verschwimmt. Als wären Splitter von uns in den Dingen und Bruchstücke der Dinge in uns. Das ist zweifellos eine Situation jüngeren Datums. Natürlich hat es immer Überlagerungen gegeben. Etwa bei den Erinnerungsdingen – Objekte, die zum Vater, zu der Geliebten, den Frauen allgemein gehören, Geschenke, welche die Spur der Schenkenden bewahren, oder auch Dinge, die man von Reisen oder aus dem Urlaub mitbringt, Steine von Wanderungen oder Kleinigkeiten aus der Ferne. Schon immer haben an manchen Dingen Menschen und Orte gehaftet. Doch das beruhte auf Psychologie, Ideenassoziation, Gedächtnismechanismen. Niemand verwechselte Menschen und Dinge.

Man bekannte sich zu ihrem radikalen Unterschied. Die Menschen waren mit Vernunft, Bewusstsein, Willenskraft,

Freiheit, der Sprache begabt. Die Dinge hatten nichts von alledem. Folglich hatten die Menschen Rechte und Pflichten und Anspruch auf Achtung. Die Dinge dagegen nicht. Man lese nach bei Kant und im Römischen Recht. Ganze Bibliotheken sind mit Büchern zu dieser Frage gefüllt. Heute ist das bei weitem nicht mehr so einfach. Zwischen Menschen und Dingen gibt es Ansteckungsprozesse und Unklarheiten. Zwischen den Dingen, von denen der Mensch umgeben ist, den wir lieben, und diesem Menschen selbst sehen wir keinen so grundsätzlichen Unterschied mehr. Der Fetischismus wird banal.

Bald wird man den Dingen gestatten, zu wählen, zu erben, das Recht auf ihr Bild geltend zu machen, auf die Unantastbarkeit ihrer Person zu pochen und in Polizeigewahrsam einen Anwalt zu verlangen. Sind diese schon weitgehend eingeleiteten Veränderungen Folgen der Vervielfältigung von Prothesen und Implantaten, der unvermeidlichen Generalisierung, Banalisierung und Intensivierung des Klonens? Auch das wäre eine zu einfache Sichtweise. Alles ist wahrscheinlich weit komplexer und unvorhersehbarer miteinander verflochten als in einer simplen Eins-zu-eins-Entsprechung. Auf jeden Fall nimmt die Unschärfe sowohl auf Seiten der Dinge als auch auf Seiten der Menschen zu.

Mehr als die Frage der Abgrenzung interessiert mich jedoch die Faltung der Dinge. Ich würde gern wissen, wie die Dinge gefaltet sind und welche alten Worte die sie konstituierenden Falten enthalten. Bei jedem Ding müsste es im Idealfall möglich sein, durch Entfalten herauszufinden, was es an gepressten, zusammengequetschten, meist kaum noch kenntlichen Wörtern enthält. Wie macht man das? Hat die Welt der Dinge ein Ende, das man ergreifen kann, um mit dem Entfalten zu beginnen? Oder bietet sie keinen Ansatzpunkt? Hat die Welt der Dinge möglicherweise – ohne dass sich sagen ließe, ob dies zum Vor- oder Nachteil gereicht – unendlich viele Enden, sodass man sie überall fassen kann, an jedem beliebigen Ding, zufällig, egal wo? Schließlich ist kein Ding mehr Ding als ein anderes. Oder weniger. Jedes kommt in Frage. Wer wissen will, was die Dinge sind, kann sich an jedes beliebige unter ihnen halten. Die Zahnbürste ist so gut wie das Sofa und der Korkenzieher so gut wie der Computer. Allerdings lässt sich unschwer vorhersehen, dass die ihnen gemeinsame Allgemeingültigkeit sehr schwach sein dürfte. Daraus folgt andererseits, dass man, wenn man wissen möchte, wie es um *eine* Sache steht, eine ganz besondere, die keiner anderen gleicht, hoffen darf, mit ein bisschen Glück Zugang zu den Falten zu finden.

Vielleicht muss man sich damit abfinden, dass es dafür keine Methode gibt. Vielleicht wäre es anmaßend und illusorisch, eine zu entwerfen. Offenkundig ist es abwegig, ein Experiment zu versuchen, über das man gar nichts weiß und für das es offenbar keine Versuchsanordnung gibt. Ein Experiment, das kaum Anspruch auf Wissenschaftlichkeit erheben kann: Beobachtungen, die vom Zufall und von unklaren Regeln bestimmt werden und die unwahrscheinliche Ergebnisse zeitigen. Als hätte man eine Expedition in ein unbekanntes Land vorbereitet, ohne zu wissen, wo es liegt und was man dort entdecken will. Und als beschlösse man trotzdem, auf der Stelle aufzubrechen, ohne die geringste Vorstellung, was man mitzunehmen hätte.

Vielleicht ist das gar nicht ungefährlich. Zunächst nahm ich an, dass es sich um ein Spiel handelte, einen Zeitvertreib, eine Sache, die man auf sich zukommen lässt: Schau, das ist merkwürdig, ja, warum nicht? Jedenfalls ziehe ich vor, zu glauben, dass ich das glaubte. Und unterwegs stelle ich fest, dass es gar nicht so einfach, vielleicht auch gar nicht so unschuldig ist. Ein Ding zu werden läuft darauf hinaus, nichtmenschlich zu werden, das Leben zu verlassen. Zweifellos ist uns allen vorherbestimmt, das Leichen-Ding zu werden, aber was für eine Gefahr läuft man, wenn man versucht, sich dem Ding von innen zu nähern, um es kennen zu lernen?

Ich weiß, dass es unmöglich ist, dieses Rätsel zu lösen. Das ist noch keinem Menschen gelungen. Aber ich hoffe zumindest, das Rätsel der Dinge neu zu formulieren, mich ihm von verschiedenen Seiten anzunähern, ein bisschen Licht auf seine Ränder zu werfen. Auf diesem unendlichen Weg weiter zu kommen, und wäre es nur ein Schritt. Auch auf die Gefahr hin, die Dinge Stunden und Tage belauern zu müssen, manchmal umsonst, manchmal um eines kläglichen Resultates willen. Bei dieser seltsamen Jagd weiß man nie genau, hinter welchem Wild man her ist, noch, wie man es fangen soll. Es ist noch nicht einmal klar, wann die Jagd beendet ist. Wir wissen nicht, wie die Wahrheit aussehen könnte. Trotzdem bemühen wir uns, sie zu fassen. Letztlich wissen wir jedoch nie, inwieweit wir sie uns aneignen können und ob die Beute, die wir siegreich heimbringen, nicht eine Illusion ist, die uns morgen schon wieder entwischt.

Diese Einwände ändern nichts daran, dass es eine fieberhafte Jagd ist. Für einen Zipfel der Wahrheit, mag er noch so ungewiss oder flüchtig sein, sind wir bereit, unsere gesamte Existenz aufs Spiel zu setzen. Das ist natürlich extrem unvernünftig. Diese irrsinnige Wissbegier, die sich unaufhörlich offenbart, ist das gemeinsame Merkmal der Menschen, die sich als Philosophen verstehen. Es ist die Bereitschaft, alles für einen unbegrenzten Blick zu geben. Ohne zu wissen, ob er letztlich eine Illusion ist oder nicht. Was sie nicht daran hindert fortzufahren. Und all das nur, weil sie eines Tages eine Art Offenbarung hatten. Möglicherweise gibt es keine Philosophie ohne ein Schlüsselerlebnis dieser

Art. Wir kennen erhabene und berühmte Erlebnisse: Augustinus, der von der Stimme des vorbeikommenden Kindes angerufen wird, Descartes, der erschüttert von einem neuen Wissen träumt, Pascal und seine Nacht der Tränen, Rousseau unter dem Baum von Vincennes, Valéry, der von den Fluten der Nacht ins Denken geworfen wird. Es gibt auch bescheidene, unvorhersehbare Erlebnisse, nach Maßgabe des Einzelnen. Manche dieser Nächte haben bedeutende Werke zur Folge. Andere – die meisten? – bringen nur Skizzen und Versuche hervor.

Doch was spielen letztlich die Größenordnung der Erlebnisse und die Qualität der Folgen für eine Rolle? Es zählt allein die Treue. Die Ausdauer und die Treue. Nicht nachlassen. Fortfahren, beharren, mit aller Kraft, auf immer und ewig, ohne zu vergessen, was in jenen Stunden war, ohne den Wunsch aufzugeben, es wenigstens einmal im Leben klar zu fassen. Fast alle sagen es mit diesen Worten: Wenigstens einmal im Leben. Seit ich die Frage »Wie stehen die Dinge?« gehört habe, weiß ich, dass ich mich wenigstens einmal in meinem Leben unter die Dinge mischen muss. Versuchen muss, mich den unbekannten Ländern zu nähern, in denen sie sich aufhalten. Gebiete außerhalb der Sprache, jenseits von wahr und falsch, außerhalb des Lebens. Länder der passiven, unbelebten Dinge, unfähig, zu fühlen, sich zu reproduzieren, sich zu regenerieren. Unermessliche, maßlose Gebiete: Wir sind eine winzige Zahl lebender Organismen unter unzähligen leblosen Objekten, eine Situation, deren wir uns kaum bewusst sind. Das müsste uns eigentlich in Staunen versetzen. Tut es aber nicht.

Wie kommt es, dass die Dinge nicht dasselbe Universum bewohnen wie wir? Selbst die einfachsten, tröstlichsten Dinge wurzeln in einem nichtmenschlichen Grund, über den sich nichts sagen lässt. Diese gewohnten und vertrauten Dinge sind an einem ganz anderen Ort, ohne dass wir etwas über diesen Ort in Erfahrung bringen können. Mein Körper ist unter den Dingen, von ihnen umgeben, macht von ihnen Gebrauch, glaubt, sie zu kennen. Trotz allem bleibt zwischen ihnen und mir ein unüberwindlicher Abgrund. Ich kann sehen, tasten, schmecken, atmen, hören, ich bin in der Zeit, erlebe sie in Gestalt von Erinnerung und Erwartung, ich empfinde Hoffnung und Reminiszenzen, Erschöpfung und Lust, Freude und Traurigkeit. Ganz anders die Dinge. Sie bleiben außerhalb der Zeit, empfinden und fühlen nichts. Keine Gedanken, keine Sinneswahrnehmungen. Tot. Nein, noch nicht einmal tot. Von jeher außerhalb des Lebens.

Diese so andere Welt erscheint mir als absolutes Rätsel. Umso mehr, als sich eine große Zahl von Ungewissheiten beim besten Willen nicht beseitigen lassen. In welchem Maße und in welchem Sinne gibt es ein Leben der Dinge? Inwieweit sind wir unsererseits Dinge? In der Lage, es zu werden? Umgekehrt ist der Tod die unausweichliche Dingwerdung des Körpers. Wie viele Arten, sich zu verlassen oder es zu versuchen, gibt es für den Menschen? Wie viele Arten, dem Universum des Geredes zu entkommen oder es zu versuchen? Wie viele Arten oder Versuche, um die zugleich durchlässige und unüberwindliche Grenze zwischen uns und den Dingen zu überwinden? Und mit welchen Ergebnissen?

Ich habe keine Ahnung. Ich hoffe, mehr darüber zu erfahren. Also werde ich fortfahren. Allerdings nicht ohne Furcht. In den letzten Wochen hatte ich mehr als einmal den Eindruck, das Spiel könnte gefährlich werden. Sich den Dingen zu nähern, das heißt, sich in Richtung des Schweigens zu bewegen, des Außer-sich-Seins, des Anorganischen, des Nichtmenschlichen. Vielleicht erlebt man dort die Freude, sich zu verlieren. Wartet möglicherweise unterwegs oder ganz am Ende des Weges auch eine völlig unerwartete Begegnung?

AUFREGUNG

Vor mir befinden sich Dinge: Sie sind da, hart, deutlich und schwer. Sie haben ihren Raum, in dem sie sich organisieren und versammeln, ihre Zeit, in der sie sich aneinander fügen, ausdehnen und überleben. Sie umfangen mich mit ihrer Gegenwart, ersticken mich in ihrem Raum, reißen mich fort in ihre Zeit. Mein Leib befindet sich seit seiner Geburt unter ihnen und wird längst tot sein, wenn sie noch immer das Sein und die Stummheit der Dinge bewahren.

Das also ist, wie es scheint, die Kette, die mich mit der Welt verbindet.

Aber was sind diese Dinge?

JEAN-TOUSSAIN DESANTI
Aufzeichnungen von 1945
Servitude et Liberté, unveröffentlicht

Gummistiefel

Am Meer,
an einem Wintermorgen

Es kommt langsam, schleichend. Vielleicht, seit die Tage wieder länger werden. Ich erinnere mich an das Sprichwort *Les Jours allongent aux Rois d'une aiguillée de soie* (Die Tage verlängern sich am Dreikönigstag um einen Seidenfaden). Macht mich dieser Seidenfaden krank? Alle Dinge wollen mir zäh und mühsam erscheinen. Alles scheint schwer zu werden und in sich zusammenzufallen. Das kommt nicht plötzlich. Es sei noch einmal gesagt. Die Bilder, die Orte, die Objekte bleiben vertraut. Ihre unübersehbare Normalität beruhigt mich. Ich weiß, dass sie verschont geblieben sind. Ihre Farben sind unverändert, ihre Konturen klar umrissen. Sie sind von einer Art heiterer Hartnäckigkeit beseelt, die ihnen offenbar erlaubt, sich diesem Phänomen zu entziehen. Auf den ersten Blick. Dann verschlechtert sich das Bild. Es beginnt sich einzutrüben. Die Ränder verschwimmen. Die Flächen blähen sich auf, zunächst ganz unauffällig, dann immer deutlicher. Schließlich sackt alles in sich zusammen und hinterlässt einen Eindruck von Unwohlsein und Betrübnis.

Ich beschließe, mir einige Tage Ruhe zu gönnen. Vielleicht verfliegt das am Meer. Ich liebe das Meer im Winter, weil es fast unverändert ist. Die Kälte, das Licht sind winterlich, doch das Meer, das Meer selbst, zeigt überhaupt keine Spur der Veränderung. Das Land schrumpft, rollt sich zusammen – entlaubt, kahl und erstarrt. Das Gebirge hüllt sich in weißes Schweigen, die Stadt zieht die Häuser enger um sich und ergraut. Das Meer dagegen bewahrt selbst im Nebel, selbst unter den Winterstürmen, seine unerschütterliche Zurückhaltung. Bezweifeln Sie ruhig, dass das alles so stimmt. Es ist mir egal. Der Gedanke gefällt mir. Er tut meinen Winterspaziergängen am Strand gut.

Ich suche die Gummistiefel hervor und richte sie her. Ich greife mit der Hand hinein, ganz bis auf den Boden, um sicher zu sein, dass sich dort keine Maus versteckt. Woher kommt diese Gewohnheit? Welche Maus kam auf die Idee, sich in dieser weichen Höhle einzunisten, die der Gummi mit seinem Gestank verpestet? Es gibt keinen größeren Gegensatz zur Sandale als dieses lange, geschlossene Rohr. Der Fuß ist dort vollkommen gefangen. Um den Stiefel anzuziehen, muss man jedes Mal den Augenblick überwinden, wo das Unternehmen vor dem Scheitern steht, wo der Fuß eingeklemmt ist und der Knick im Gummi unpassierbar erscheint. Schließlich, bei hartnäckig fortgesetztem Bemühen, dehnt sich der Stiefel so weit, dass das Hemmnis weicht und die Ferse in plötzlicher Befreiung auf den Boden rutscht.

Dann stellt sich zunächst das Gefühl extremer Geschmeidigkeit ein, der Eindruck, keine Schuhe anzuhaben, nur eine zweite dicke Haut, eine flexible Schale um den Fuß zu tragen. Leichtfüßigkeit und die khakifarbene Heiterkeit, mit der man in die Schlammpfützen und das zurückweichende Meer platscht. Es beginnt also gut und endet fast zwangsläufig schlecht. Der Gummi schützt nicht vor der Kälte, und der Schweiß kann nicht verdunsten, er sammelt sich im Inneren und verdoppelt mit eisiger Feuchtigkeit die Kälte, die von draußen kommt. Die Haut, die sich geschützt wähnte, entdeckt nun, dass sie gefangen, erstickt, bleich ist. Die Stiefel werden nach einigen Kilometern oder Stunden zu Sarkophagen, greifen das Fleisch an, lassen es fast vermodern, mazerieren, anschwellen, bleichen. Das ist auch kein Problem der Herstellung, der Qualität, welches sich dadurch lösen ließe, dass man die schlechten durch gute Stiefel ersetzt. Es ist einfach Schicksal. Noch nicht einmal ein individuelles, glaube ich, sondern ein Schicksal der Menschheit: Das, was schützt, schließt ein, das, was stärkt, entartet ins Mörderische, der Schritt vorwärts erstarrt, das Gehen verwandelt sich in ein Grab.

Nur die Welle bleibt. Zeit zurückzukehren.

Waschmaschine

In der Waschküche,
am Abend

Am Meer zu gehen ändert nichts. Im Gegenteil, das macht es eher schlimmer. Ich habe den Eindruck, dass mein Fleisch sich verflüssigt. Es beginnt an den Füßen. In den kalten Stiefeln, die bald auch nass sind, beginnt der Prozess an den Füßen, Vorspiel einer allgemeinen Auflösung. Ich versuche darüber zu lachen, dass diese Geschichte am Meer einen flüssigen Charakter annimmt, allerdings weit entfernt von allen ozeanischen Gefühlen.

Ich kehre in das alte, windschiefe Haus zurück, entzünde das Holz im Kamin und strecke primitiv, tierhaft – wie alle Menschen, die je in der feuchten Kälte solcher Gegenden erstarrt sind – die Fußsohlen und Handflächen zum Auftauen dem Feuer entgegen. Die Stiefel sind gleich in der Abstellkammer geblieben, die sumpfigen Socken habe ich ausgezogen. Ich darf nicht vergessen, sie in die Maschine zu stecken. Zum Glück gibt es eine.

Während ich darauf warte, dass der Blutkreislauf seine Tätigkeit wieder aufnimmt, lasse ich hier, in der Ecke am Feuer, einen prähistorischen Film ablaufen. Seit wann wäscht man die Kleidung? Vielleicht nicht unbedingt, seit es sie gibt. Wer weiß, es mag eine Zeit gegeben haben, als man die Tierhäute auf seinem Körper verfaulen ließ. Oder Pflanzenteile, Lianen und getrocknete Blätter – Dinge, die man nicht waschen konnte. Vor einigen Generationen haben Reisende noch berichtet – aber das mag ein Märchen sein –, dass die Hunnen und Tataren, die auf dem Pferd lebten, ihre Kleidung trugen, ohne sie je zu reinigen oder abzulegen, bis sie der Abnutzung und dem Dreck zum Opfer fiel.

Trotzdem gibt es die Sitte des Wäschewaschens schon seit langer Zeit. Überall war sie Sache der Frauen. An Bächen, Flüssen, öffentlichen Waschplätzen. In der schwülen Feuchtigkeit der Tropen wie in den kalten Winden des Nordens, im Stehen, Sitzen, Hocken – so haben die Frauen Jahrhundert um Jahrhundert die Wäsche eingeweicht, geschrubbt, ausgespült und getrocknet. So wurden ganze Leben jahrtausendelang zwischen Leinen und Stoffen verbracht. Die Kleidung der Mütter, Männer, Brüder, Krieger, Kinder. Auch zugeschnitten, genäht und gestopft musste sie werden, vor allem aber gewaschen, getrocknet, zusammengelegt. Pflege, Wiederholung. Zyklisch wie das Putzen, das Kochen, das Leben.

In jüngerer Zeit – historisch betrachtet – nimmt sich eine Maschine dessen an. Auch sie ist zyklischen Gesetzen unterworfen. Trommel, Zylinder, Zirkularität. Rotation, Wiederholung, Abfolge. Schaum, Spülen, Schleudern. Versetzt mit ein bisschen technischem Schnickschnack: Programme, Einstellungen, Skalen mit Stoffarten und Wasserhärten. Augenwischerei. Im Kern bleiben es Zyklen und Rotationen. Seit unvordenklichen Zeiten dreht sich das Waschen im Kreis: Unreinheit, Waschung, Reinheit. Und wieder von vorn. Offenkundig die Parallele zu den Seelen.

Die Waschmaschine ist ein kosmisches Ding. Man stopft tote Seelen hinein. Alles dreht sich. Das Wasser trägt die Vergangenheit, die Spuren, das Gedächtnis davon. Sintflut um Sintflut dringt das Wasser ins Innerste der Fasern, wäscht die früheren Zeiten heraus und löst auch die intimsten Makel auf. In jedem Zyklus entsteht so aus dem Alten die Zukunft. Wenn alles, was vorher war, endgültig fortgespült ist, öffnet sich die Tür und lässt die sauberen Seelen heraus, die nur noch trocknen müssen, um für ein neues Leben bereit zu sein. Natürlich erinnern sie sich an nichts. Sie sind wie neu, bereit, sich erneut zu beflecken.

Die Waschmaschine, der letzte Ableger der Mysterienkulte? Initiation, Tod und Wiedergeburt, kosmisches Geschehen: Waschung, Reinigung, Eintauchen, Rotation, Zyklen. Und heute: die häusliche Kulthandlung.

Grabstein

Auf dem Dorffriedhof,
  an einem wolkenverhangenen Sonntag

Um auf andere Gedanken zu kommen, gehe ich auf dem Dorffriedhof spazieren. Ich kenne ihn schon lange. Einige eng zusammengedrängte Familien teilen sich die Gänge und Porzellanblumen, die Jahr um Jahr an Farbe verlieren. Bei manchen Gräbern bedecken braune und grüne Moose die Namen. Auf wenigen Metern sind zwei Jahrhunderte versammelt, ausgewiesen durch die unterschiedliche Gestaltung der Buchstaben, voneinander abweichende Kreuzformen, die jeweiligen schmiedeeisernen Umfriedungen, an denen der Rost nagt.

Ich bin gerührt von diesem Plunder der Konventionen, dem Los der armseligen Dinge, die sich bemühen, die Erinnerung festzuhalten, die Spur eines Namens, eines Datums, manchmal auch eines Gesichtes. Medaillons mit den Fotos von Seeleuten, Soldaten. Geöffnete und Stein gewordene Bücher, deren ganzer Text lautet: »Meinem Onkel« oder »ewige Trauer«. Zweifellos liegt der Neffe längst in einem anderen Gang. Die ewige Trauer ist vergangen, der Mensch, der sie empfunden hat, verwest in einem benachbarten

Grab. Übrig sind nur noch der Grabstein und der Friedhofskitsch.

Ist dieses Grab ein Ding? Natürlich: ein Granitblock mit Frontispiz und Grünstreifen vor der Schale für die Blumen. Ein behauener Stein mit glatter oder rauer Oberfläche. Je nach Epoche und, vor allem, nach Vermögen der Verblichenen. Ein massives, klar umrissenes, dichtes und vermeintlich zeitbeständiges Objekt. Trotzdem ist der Grabstein – auch das unübersehbar – weniger ein Grabstein als eine Funktion. Immer ist er eine sakrale Vorrichtung: Markierung, Spur, Abweichung, reservierte Leere, Durchgangspunkt.

Neben der Schale gehört das Grab zu den ursprünglichsten Dingen der Menschheit. Wie ein Ding bearbeitet und doch ganz und gar besetzt von religiösen Vorstellungen, Geschichten, Mythen. Den Lebenden nahe, aber offen für eine andere Welt. Schweigen und Abwesenheit. Grabesstille. Das Ding schlechthin? Vielleicht. Der Grabstein verbirgt und bezeichnet den Leichnam. Insofern ist er ein Ding par excellence, mit einer konkreten und einer unsichtbaren Seite. Einem vorder- und einem hintergründigen Aspekt. So begannen die Menschen ihre Besonderheit zu dokumentieren. Das Grab scheidet die Zeit der Menschheit von der Ewigkeit des Tierreichs. Die Toten in einem umgrenzten Bereich, der Leichnam in einer bestimmten Haltung, gekrümmt oder ausgestreckt, umgeben von persönlichen Objekten, geleitet von rituellen Zeichen und Gebräuchen, so erkennen wir unseresgleichen. Auch ohne Worte wissen wir, was uns diese Inszenierung mitteilt. Alle wissen es, und jeder vergisst es.

An der höchsten Stelle des Friedhofs, neben den Gießkannen und dem Komposthaufen, frage ich mich, ob man nicht genau umgekehrt denken, den Blick in die entgegengesetzte Richtung wenden und sich sagen sollte, dass allein die Dinge das Gedächtnis bewahren, die Namen und die Daten dem Vergessen entreißen, dass nur sie sich beharrlich und dauerhaft erinnern, während wir amnestisch und flüchtig sind. Gehen wir noch einen Schritt weiter. Vielleicht müssen wir uns sagen, dass jedes Ding eine direkte Verbindung zum Tode aufweist, eine andere Seite besitzt, eine Unterseite, eine Rückseite, wie etwas, das sich in unserem Rücken befindet. Vielleicht müssen wir uns eingestehen, dass allein die Dinge die Macht und die Ideen besitzen, dass nur sie die Gesetze bewahren. Wir folgen allenfalls von Zeit zu Zeit, so gut wir können, was wenig genug ist. Weiter müssen wir uns eingestehen, dass jedes Ding ein Mittler ist zwischen der Erscheinung und dem Bodenlosen, zwischen dem Anwesenden und dem Unerreichbaren. Gelegentlich ahnen wir es, doch meist scheitern wir.

Darf man sich wirklich zu solchen Träumereien hinreißen lassen? Das Metalltor quietscht, eine alte Frau betritt den Friedhof, auf einen Stock gestützt und einige Blumen in der Hand. Das Geräusch verjagt, was ich mir vielleicht noch hätte eingestehen müssen. Zu viel Lyrik, Phantasie, Überspanntheit. Unter dem Ding gibt es nur andere Dinge. Unter dem Grabstein einen Sarg und Knochen. Mehr nicht. Nichts Aufregendes. Kein Grund zur Beunruhigung. Dinge unter einem Ding. Wolken ziehen auf.

Nagelbohrer

In der Werkstatt,
an einem Feiertag

Bastelarbeiten im Haus am Meer. Ich habe eine hartnäckige Schwäche für Schrauben. Mir gefällt ihre Beharrlichkeit. Das Ziel nie aus den Augen verlierend, bahnen sie sich ihren Weg. Aber nicht auf einen Schlag, nicht in gerader Linie, stumpfsinnig wie die Nägel. Vielmehr verfolgen sie einen geraden Weg, indem sie sich drehen, um sich selbst kreisen, sich ihres Gewindes bedienen. Wenn man ihnen genügend den Kopf verdreht, verharren sie am Ende unbewegt, tief ins Material vergraben und zusammenhaltend, was man zusammenfügen wollte.

Nicht immer gelingt es ihnen, sich dort, wo sie ins Material eindringen sollen, Zugang zu verschaffen, weil es zu hart oder zu glatt ist. Dann übernimmt der Nagelbohrer die Aufgabe, indem er ein erstes Loch an der vorgesehenen Stelle gräbt. Dieses Handwerkszeug ist einfach und raffiniert zugleich. Bislang konnte es durch kein elektrisches Gerät in befriedigender Weise ersetzt werden. Der Nagelbohrer muss nämlich langsam und bedachtsam arbeiten. Fast auf den Millimeter genau muss er wissen, wann er innezuhalten hat. Die Elektrobohrer sind zu hastig, fast möchte man sagen: unbesonnen. Außerdem bohren sie zylindrische Löcher, während die des Nagelbohrers spitz sind, konisch, wie eine Schraube. Der ganze Nagelbohrer ist wie eine Schraube mit Griff, eine umkehrbare Schraube, in der Lage, einzudringen und sich wieder zurückzuziehen, lediglich dazu da, den Boden zu bereiten.

Die wirklichen Könner legen den Griff des Werkzeugs in den Handteller und üben einen regelmäßigen Druck aus, mehr oder weniger stark, je nach Materialwiderstand. Einige Gefahren gilt es zu vermeiden. Durch zu heftiges Vorgehen die Halterung zu beschädigen. Zu tief einzudringen, sodass das Loch zu weit ist, zu groß für die Schraube. Nicht mehr zurückzukönnen. Doch auch kleine Vergnügen gilt es zu genießen: den leisen Schrei des Nagelbohrers beim Eindringen, die Erwärmung, die im Metallschaft aufsteigt, und zum Schluss das Aufquellen der Sägespäne in der Umgebung des Loches.

Wir wollen es den Studenten überlassen, die Parallelen zur Sexualität exakt und scharfsinnig zusammenzutragen. Wichtiger ist es, die Unterschiede herauszuarbeiten. Das, was die Arbeit mit dem Nagelbohrer vom üblichen Koitus unterscheidet: der spiralförmige, archimedische Aspekt, der irreversible Charakter der Handlung. Daher liegt auch der Gedanke an einen geistigen Prozess näher. An eine Idee, die sich ihren Weg durch den Geist bahnt und dort auf immer eine Schneise hinterlässt. Als grübe sie sich ihren Weg durch das Fleisch. Was die Forscher auf dem Gebiet der Neurophysiologie und die Könner auf dem Gebiet der Folter sicherlich bestätigen könnten – jeder mit seinem eigenen Handwerkszeug.

Ich glaube, um frei zu werden, muss es uns gelingen, den Nagelbohrer im Kopfinneren anzusetzen. Unter der Voraussetzung, dass unsere Ideen rotationsfähig und konisch genug sind. Sobald sie an die Hirnschale stoßen, kommen sie natürlich nur noch langsam voran. Wenn das Loch endlich gebohrt ist, kann die Luft zirkulieren. Die Mystiker wissen, wovon ich rede.

Flaschenöffner

In der Küche,
eines Abends

Die Rückkehr in die Stadt verursacht mir nicht den gleichen Schock wie sonst. Tatsächlich setzt sich der Schwebezustand fort, ein seltsamer Zustand. Man könnte sagen: Um die Dinge zu erreichen, muss ich aus mir hinaustreten. Doch bislang habe ich mich nirgends niedergelassen. Ich befinde mich frei in der Luft, in langsamem Gleitflug, ohne Anstalten, zur Erde zurückzukehren.

Was mich nicht daran hindert, Durst zu haben. Warum habe ich heute Abend Durst? Ich weiß es nicht. Doch natürlich, die Sardellen. Ich brauche Sprudel. Im Kühlschrank muss noch Mineralwasser oder Soda sein, irgendwelches Sprudelzeug. Ja. Herrlich und kalt, eine Flasche mit dicken Blasen. Oben, aus Metall und gezackt, der Kronenkorken. Dazu noch goldfarben. Und widerstandsfähig. Mit allen Klauen an den Flaschenhals geklammert. Der Flaschenöffner muss her.

Ich finde ihn nicht gleich. Er ist in der Küchenschublade unter anderen Küchenutensilien versteckt: dem Dosenöffner, dem Apfelausstecher, dem Korkenzieher und verschiedenen Messern. Ganz unten liegt er. Als ich ihn ergreife, kommt mir plötzlich in den Sinn, dass dieses simple Werkzeug – hohler Kopf und Hebel – Teil eines Rituals von fundamentaler Bedeutung ist.

Der Körper aus rotem Kunststoff, der Kopf aus poliertem Aluminium. Ein schlichter Flaschenöffner. Ein Utensil ohne Bedeutung, unentbehrlich nur unter ganz bestimmten Umständen und seiner Funktion genau angepasst. In seiner Art wirksam: der Kronenverschluss schräg eingesetzt, Hebelwirkung, augenblickliches Zischen des Inhalts, Fall des halb geknickten Stücks mit metallischem Geräusch. Äußerst trivial, ohne Interesse, rein funktionell. Plötzlich gelingt es mir nicht mehr, daran zu glauben. Als ich die Flasche öffne, sehe ich etwas ganz anderes: den eingezwängten Kopf, den Druck, der ihn hebt, die Wirbel, die krachen, den Schädel, der sich vom Körper löst, ihm vor die Füße rollt. Die Flasche zu öffnen, das heißt, einen Kopf abzureißen. Sagen wir nicht auch: eine Flasche köpfen? Eigentlich anders: den Schädel öffnen, das Schädeldach entfernen. Sich des Deckels entledigen, der die Zirkulation verhindert.

Ist das so? Müssen wir wirklich unser Schädeldach fortsprengen, um anderes zu sehen und zu ahnen? Wieder diese mystischen und poetischen Geschichten. Ich denke an Georges Bataille und den kopflosen Menschen, den Masson für das Titelbild der Zeitschrift *Acéphale* gezeichnet hat. Uralter Fiebertraum: sich endlich des Kopfes entledigen, auf

Nimmerwiedersehen der Logik und den geordneten Worten entfliehen. Rasch, damit das alles weit zurückbleibt. Entdecken wir die Gefühle unter dem Bewusstsein wieder – den Bauch, das Nächtliche, das Sonnenhafte. Und was das Tier an göttlichen Anteilen hat. Oder eifern wir gleich den radikalsten Asketen Indiens nach und lassen uns in aufrechter Haltung eingraben, sodass nur der Kopf aus der Erde ragt. Auf dass er mit einem Schlage abgetrennt werde. Eine reine Gedankenblase, die platzt, ohne Namen und Form.

Diese Todessehnsucht ist mächtig. Häufig sucht sie mich heim. Sie ist allerdings auch enorm verbreitet. Immer getarnt, obwohl vollkommen sichtbar. Auf der Lauer liegend und im Stillen wirkend. Trotzdem bin ich seit langem der festen Überzeugung, dass sie eine bösartige Verführung ist, der falsche Weg. Es geht nicht darum, Ding zu werden oder sich auf die Seite der Dinge zu schlagen, sondern darum – wenn das denn Sinn macht –, zu beseitigen, was die Welt verstopft. Wackerer Durst …

Anrufbeantworter

Beim Heimkommen,
spätabends

»Guten Tag, hier ist Isabelle … Na ja, ich wollte nur wissen, wie es dir geht. Ich hoffe, gut. Bis bald! Ruf mich an!«; »Hallo, Papa, hier ist Marie. Darf ich am Samstag zum Konzert von (unverständlich)? Also, eigentlich wollte ich fragen, ob du mir den Eintritt bezahlst. Dicker Kuss«; »Guten Tag, Monsieur, hier ist das Sekretariat von Dr. Decker. Vielen Dank für die Bestätigung des Termins, Mittwoch um 17.30 Uhr«; »Hallo, Alter. Hier ist Paul. Danke für deine Nachricht. Von mir aus gern. Der Haustür-Code ist 2340, fünfter Stock, links. Bis dann. Ciao.«

Die Stimmlagen sind verschieden, die Ausdrucksweise auch. Wortwahl, Sprachrhythmus, Aussprache – alles ist von Fall zu Fall anders. Trotzdem sind die Stimmen in dem Kasten alle gleich. Zusammengepfercht in diesem schwarzen Kunststoffwürfel mit Display und Tasten. Irgendwo sind sie gefangen, aber es lässt sich nicht herausfinden, wo oder wie. Geheimnis der Dinge mit Stimme. Wir sind daran gewöhnt und achten nicht mehr darauf. Trotzdem ist es sehr merkwürdig.

Ich habe die Zeitung gekauft, außerdem ein bisschen Brot und Tomaten. Ich könnte genauso gut einen Termin wahrnehmen, eine Versammlung besuchen, ein Schauspiel ansehen, schlafen, reisen oder arbeiten. In der Zwischenzeit finden sich Leute in dem Kasten ein. Nein, keine Leute, sondern Stimmen, lediglich Stimmen, losgelöst, körperlos, ohne Blick, in der Schwebe. Stimmen ohne Gegenüber, erkennbar und doch verändert, nicht durch den Lautsprecher, sondern durch die Situation. Diese Stimmen sind durch die Abwesenheit des anderen verändert, trotzdem halten sie ihm seinen Platz frei. Im Leeren wenden sie sich an seine Möglichkeit, seine baldige Rückkehr. Sie rufen seine Rückkehr an, sein zeitlich versetztes Abhören. Sie sprechen also nicht einfach von einem anderen Ort aus, einer Straße in der Nähe oder dem anderen Ende der Welt, sondern von einem anderen Zeitpunkt aus. Sie begeben sich von einem Zeitpunkt zu einem anderen. Die Stimmen halten sich in einer verlagerten, verschobenen, entfernten Zeit auf.

Was mich angeht, so kann ich sie mir niemals anhören, als wäre ich da gewesen. Gewiss, ich bin zurückgekommen. Ich höre mir die Nachrichten an, keine Frage, aber gleichzeitig höre ich in diesen Stimmen ihre Abwesenheit, ich nehme in dem, was ich jetzt höre, meine Abwesenheit von vorhin wahr. Als diese Stimmen sprachen, war ich nicht da. Während ich nun da bin und ihnen lausche, beschleicht mich das hartnäckige Gefühl, nicht ganz da zu sein, da ich, indem ich sie höre, auf meine Abwesenheit verwiesen werde.

Der Anrufbeantworter ist ein Ding, das vollkommen von Abwesenheit durchwirkt ist. Trotz seines Namens antwortet dort niemand niemandem. Manchmal gehen die Nachrichten dergestalt von Anrufbeantworter zu Anrufbeantworter, dass der Eindruck eines Dialogs entsteht. Das sind Unterhaltungen zwischen Phantomen, zwischen Telefonen, zwischen Lautsprechern, Aufzeichnungsgeräten, Dingen, die Laute, Bedeutungen und Zeiten festhalten und sie unendlich wiederholen können. Rabelais erfand die gefrorenen Worte, von der Kälte konserviert, die wieder hörbar wurden, wenn sie auftauten. Wir haben es, ohne irgendwelche Veränderungen an der Oberfläche, viel weitergebracht: Irgendwo in der Tiefe frieren wir die Zeit ein.

Einkaufswagen

Im Supermarkt,
an einem Samstag im Frühling

Nach einigen Tagen der Abwesenheit muss ich einkaufen. Die Schränke, den Kühlschrank, die Truhe auffüllen. Es hilft nichts, wie man so sagt. Eine ganze Kette von Zwängen, denen man sich nicht entziehen kann. Jedenfalls nicht lange und nicht weitgehend. Sich ernähren, sich waschen, sich kleiden, das Haus instand halten, einkaufen. Und bei der Verpflegung auf die Kosten achten: die Preise vergleichen und dort kaufen, wo man mehr für einen geringeren oder Besseres für den gleichen Preis bekommt. Das Auto parken, einen Einkaufswagen nehmen.

Vier Räder, Metallkonstruktion, keine Bremsen: der Einkaufswagen. Sein riesiges Fassungsvermögen soll nach Möglichkeit nicht auffallen. In ihm sammelt sich nach und nach das, was man trinkt, was man isst, was man liest, was man hört, was man anhat. Festes und Flüssiges, Cremiges, Gefrorenes, Textiles, Gesalzenes, Obst, Fische, Dinge, die sichtbar sind, Dinge, die eingepackt sind, Dinge, die ausgepackt oder getarnt sind. Der Einkaufswagen ist das Ding der Unordnung und der Verwirrung. Stapel, Durcheinander,

Chaos. Einige halten geometrische Ordnung im Wagen. Andere fahren einen Saustall spazieren: Schokolade auf Schinken, Schinken auf Waschmittel, Waschmittel auf Birnen. Alles bunt gemischt, neben- und durcheinander.

Dem Wagen ist das alles egal. Ihn berührt das nicht. Er ist immer vergittert, aus Metall, mit Rädern versehen. Unerschütterlich bleibt er, wo man ihn hinstellt. Unempfindlich für das, was man hineingibt. Seelenlos. Sie werden mir entgegenhalten, alle Dinge seien so – unerschütterlich, unempfindlich. Doch dort, angesichts des Chaos dessen, was sich zwischen den Stahlrohren seines Inneren auftürmt, erweist sich der Wagen unverkennbar als reines Behältnis ohne jede Regung.

In der Abteilung für Milchprodukte fällt mir ein Satz des Sokrates aus Platons *Protagoras* ein: »Denn überdies ist noch weit größere Gefahr beim Einkauf der Kenntnisse als bei dem der Speisen.« Denn, so fährt Sokrates zwischen Obst und Gemüse fort, man erblicke die Waren in der Auslage, bevor man sie kaufe. Man drücke und prüfe sie. Die Kenntnisse aber trage man in seiner Seele fort wie in einem Gefäß. Wenn sie schlecht seien, habe man den Schaden, ehe man sich's versehe, schon erlitten.

Was ist, wenn man sich den Kopf nicht abtrennen will, wenn man sich ein bisschen Verstand unter der Lawine der Dinge bewahren will? Muss man sich dann eine Seele zulegen, die wie ein Einkaufswagen ist? Mit einem Metallgitter, gut verschweißt, leicht, aber haltbar gebaut, nicht verformbar? Seelengefäß auf Rollen, identisch mit allen anderen, in kompakten Reihen ineinander schiebbar, aneinander zu befestigen. Gleichgültig geworden gegen alles, was sich in ihnen ansammelt, von der bunt gemischten, vorfabrizierten, vorverpackten Warenvielfalt. Daran gewöhnt, sich an der Kasse stets zu entleeren. Wir brauchen eine Seele aus Metallgittern und Rollen, mit dem einzigen Daseinszweck, sich zu füllen und zu entleeren, in stetem Wechsel, unaufhörlich. Transport und Transit, von leer zu voll und umgekehrt. Eine Seele, nicht unähnlich dem Fass, von dem bereits Sokrates – abermals Sokrates – in seinem Streitgespräch mit Kallikles (*Gorgias*) spricht. Nur dass unseres sich nicht mit Regenwasser, sondern mit Waren aller Art füllen soll. Schon geschehen. Unser Verlangen nach Dingen erfüllt sich in der Funktion des Einkaufswagens.

Ich höre einen Warenhauslautsprecher: »Der Reinigungsdienst bitte in die Menschenabteilung. Ich wiederhole …« Ich halte das für undurchführbar. Man kann die Menschen nicht reinigen. Das schafft niemand. Im Übrigen ist das auch nicht erstrebenswert. Wer es versucht, weil er glaubt, die Methode und die Lösung zu kennen, macht alles nur noch schlimmer. Uns bleibt nichts anderes übrig, als den Wagen weiterzuschieben.

Mülleimer

Im Hof des Wohnhauses,
nach dem Abendessen

Der Sack hängt schwer am Arm. Der Mülleimer, in den meine Abfälle kommen, ist jeden Tag voll. Pro Tag produziert ein durchschnittlicher Westeuropäer eine beträchtliche Menge Müll. Während ich die Treppe hinabsteige, um den Sack im Hof des Wohnhauses abzustellen, versuche ich mir vorzustellen, was für ein Dasein solch ein Mülleimer führt.

Das erscheint nicht weiter kompliziert. Dieses Ding hat die Aufgabe, unnütze Sachen aufzunehmen. Dort enden Haushaltsdinge, die aussortiert, ausgeschlossen, verdorben sind. Der Ort für Ausschuss und Abgelehntes. Augenscheinlich gibt es eine direkte Verbindungslinie zwischen Einkaufswagen und Mülleimer, nach einem kurzen Umweg der Waren über das Ess- oder das Badezimmer. Die Kürze dieses Weges könnte zu einigen Einweg-Gedanken über die Bedingungen des modernen Lebens Anlass geben. Etwa die Klage über die Nichtigkeit unseres Konsumgebarens. Ich erkläre mich gern bereit, darauf zu verzichten.

Zumal die fortgeworfenen Dinge nicht aufhören, Dinge zu sein. Sie bleiben. Unsere Entscheidung, sie auszusondern, verleitet uns zu der Annahme, wir würden sie damit vernichten. Das stimmt nicht. Wir wissen alle, dass sie überdauern. Sie verlieren ihren Glanz, zerbrechen oder verschimmeln, gewiss, aber sie bleiben und bilden ein buntes Durcheinander. In dem Jenseits, das die Mülleimer darstellen, setzt sich das Leben der Dinge fort. Auch in diesen Untergeschossen und Abseiten kein Nichts, sondern eine Welt der Fülle. Der Inhalt des an meinem Arm hängenden Plastiksacks, soweit erkennbar, wenn ich ihn öffne: ein Joghurtbecher, ein in zwei Hälften geschnittener Karton, Eierschalen, ein Rest Reis, Teeblätter, eine leere Flasche, Zeitungen, Kleenex, etwa zehn Kuverts, Kartoffelschalen und ganz unten ein verklebtes Durcheinander ohne erkennbare Einzelheiten. Vollkommenes Chaos, Mischmasch, gefleckter Matsch, ungeordnetes Nebeneinander. Das gleiche Prinzip wie der Einkaufswagen, nur als *Output*. Räumung, Abwanderung. Auf die Dunkelheit der Außenwelt zu. Paradies der abstoßenden Dinge. Universum der üblen Gerüche. Gärung, Auflösung, Zersetzung, Verfall, Entstellung. Das, woran sich die Fresser der eklen Dinge gütlich tun, dieser ausgegrenzte Stamm, am Anfang von Flauberts *Salammbô*.

Sehen Sie den Tatsachen ins Auge. Bilden Sie sich nicht länger ein, dass die Dinge, die Ihnen keinen Dienst mehr erweisen, einfach verschwinden, auf irgendeine magische Weise aufhören zu existieren. Alle diese verdorbenen, zerbrochenen, veralteten, zerschlissenen, geleerten Dinge, alle diese Gebilde, die als Verpackung, Verschönerung, Einweggefäße dienten, türmen sich unaufhörlich auf. Mitleidig betrachte ich die bunte Pappe, die einst dem Fruchtjoghurt als Verpackung diente. Absurd, dieses Mitleid. Vielleicht auch nicht. Es ist eine absurde Reaktion auf die absurde Existenz von bunter Pappe, die zur Verpackung von Fruchtjoghurt dient. Grafiker haben sie getestet, Drucker bearbeitet, Ingenieure auf ihre Haltbarkeit überprüft, Hygieniker kontrolliert, Maschinen zusammengeklebt, Lagerhäuser aufbewahrt, Arbeiter entfaltet, angebracht, ausgerichtet, in Kisten verpackt, ich habe sie in den Kühlschrank gestellt und am folgenden Tag in zwei Sekunden zerrissen und weggeworfen, um einen Joghurtbecher herauszuholen.

Es gibt Milliarden und Abermilliarden von Dingen, die jeden Tag auf diese Weise fortgeworfen werden, ohne dass man einen Blick oder Gedanken an sie verschwendet. Dinge, die nur aus dem Nichts auftauchen, um gleich darauf wieder dorthin zu verschwinden, ohne dass sie irgendjemand im Geringsten zur Kenntnis nimmt. Da verfalle ich schon wieder in dieses weinerliche Mitleid. Warum lässt es sich so schwer vermeiden, selbst wenn man die besten Absichten hat? Sicherlich, weil auch uns dieses Schicksal erwartet. Genau dasselbe: der Zerfall, der Gestank, das Versinken in einen Sack, unvermeidlich, endgültig und ruhmlos. Nicht nur wir im Übrigen, als Individuen und Organismen, sondern auch unsere Werke, Gruppen, Gesellschaften, unsere Zivilisationen, Kenntnisse und Hoffnungen. All das dazu bestimmt, eines Tages auf dem Müll zu landen.

Mir wird heute Abend nicht zum ersten Mal die Erkenntnis zuteil, dass der Mülleimer die Zukunft der Welt ist. Trotzdem kann ich die Idee beim besten Willen nicht komisch finden. Ehrlich gesagt, ich weiß nicht, wie ich sie ertragen soll. Dieser verdammte Sack hängt immer schwerer an mir.

Fotokopierer

Im Büro,
am späten Vormittag

Eine Methode, dem Mülleimer zu entgehen, ist es, sich auf den Fotokopierer zu pressen. Nichts stirbt mehr, stattdessen wird alles dupliziert. Ist das der Schlüssel zur neuen Zeit? Es verblasst die Erinnerung an das Kohlepapier, die Matrizen, die spärlichen und schlechten Durchschläge. Überall sind jetzt sekundenschnell und in beliebiger Zahl Kopien von jedem Dokument zu bekommen. Der Fotokopierer, der jahrtausendelang unbekannt war, ist unentbehrlich geworden. Er bewahrt nichts, produziert nichts, fügt nichts hinzu und lässt nichts fort. Das Gerät begnügt sich damit, Texte oder Bilder naturgetreu und unbegrenzt zu vervielfältigen. Aus eins macht der Fotokopierer zwei, drei, zwanzig, tausend oder unendlich.

Die Kopisten früherer Zeiten duplizierten ihre Texte nicht. Sie schrieben einen neuen, Zeile für Zeile, Wort für Wort. Natürlich wurde erwartet, dass dieser zweite Text absolut identisch mit dem ersten war. Doch das war nie der Fall. Niemals. Nicht nur wegen winziger Abstandsveränderungen, minimaler Schriftunterschiede, eines Schnörkels hier, einer kleinen Streichung dort. Es war nie der gleiche Text, weil selbst der sorgsamste und aufmerksamste Kopist, der geschickteste und erfahrenste, unvermeidlich Fehler beging. Ein ausgelassenes Wort, ein flüchtig gelesener Satz, ein verrutschter Apostroph.

Damit machte die Druckerpresse Schluss. Kein Unterschied mehr von einem Exemplar zum anderen – wenn es sich um dieselbe Druckerei und dieselbe Auflage handelte, versteht sich. Allerdings brauchte man dafür noch spezielle Produktionsstätten, einen Stab von Fachleuten und Lagerhallen. Die Vervielfältigung blieb Sache von Fachleuten, eines Berufsstandes. Die Besonderheiten waren kein Allgemeingut.

Damit machte der Fotokopierer Schluss. Er eröffnete das Zeitalter der häuslichen Vervielfältigung. Jeder, der imstande ist, auf einen Knopf zu drücken, kann ohne Qualifikation, ohne Ausbildung und ohne Vorkenntnisse an seinem Arbeitsplatz, bei sich zu Hause oder wo auch immer jedes Dokument vervielfältigen, das ihm in die Hände fällt. Die allen zugängliche Reprographie hat bereits in ein oder zwei Generationen Milliarden und Abermilliarden Kopien produziert. Vergessen wir nicht, dass sich hinter der statistischen Banalität das Zeitalter der Vervielfältigung verbirgt: CD-ROMs, DVDs und Klone … CDs, Fotos und Filme sind Abkömmlinge des Fotokopierers. Man stellt jemanden vor die Scheibe, drückt auf die gewünschte Anzahl von Kopien, betätigt den Startknopf, ein helles Licht – und schon hat man die verlangte Kopienzahl des betreffenden Menschen. Wenn man identische Kopien anfertigt von Texten, Musikstücken, stehenden oder bewegten Bildern, Schafen, Kälbern, warum dann nicht auch von Menschen? Ist das nicht die gleiche Technik? Das kommt noch. Man braucht nur das gleiche Grundgerät und dahinter eine identische Matrize.

Bald wird der ganze Globus nach dem Fotokopierer riechen, etwas sauer, etwas bitter, betäubend. Ein Geruch, der an den des Todes erinnert und sich doch von ihm unterscheidet. Der Geruch der Vernichtung durch die Überfülle, die Vervielfältigung. Es gibt nämlich verschiedene Arten des Verschwindens. Zum einen durch Auslöschung: Ich bin nicht mehr da. Aber auch durch den Überfluss: Ich bin tausendfach, hunderttausendfach und noch öfter da.

Bleibt nur noch die Hoffnung auf den Papierstau? Der Fotokopierer ist ein leistungsschwaches Gerät. Sein Normalzustand ist die technische Störung. Sollte das unsere letzte Chance sein? Wenn diese Dinge eines Tages betriebssicher sind, kommt das Ende. Aber das Ende »von was« eigentlich?

Schubkarren

Auf dem Land,
im Vorfrühling

Ich versuche, mich zu beruhigen. Ohne Erfolg. Überall sind Dinge. Man könnte sogar sagen, dass es immer mehr werden. Jeden Augenblick sind sie da und wollen dechiffriert werden. Ich habe das Gefühl, eine Maschine zu sein, die sich nicht mehr abstellen lässt. Immer in Betrieb, keine Möglichkeit, den Stecker zu ziehen. Sogar nachts bleibt das Kopfinnere erleuchtet, in dem sich ein unermüdliches Karussell dreht. Neuer Versuch, mich zu beruhigen: auf dem Land, am Wochenende.

Vergessen wir den Garten nicht. Die Erde ist noch schwer, feucht und kompakt. Noch lange nicht die Zeit zum Säen, aber ideal zum Umgraben, Auffüllen und Umpflanzen der Beete. Ich hole den Schubkarren aus dem Schuppen. Keiner von denen aus Holz, mit breiten Rändern, die Räder mit Eisen beschlagen, wie ich sie aus der Kindheit kenne, wenn mein Vater mich mit den Nüssen heimfuhr, die er geerntet hatte und die so intensiv nach Herbst rochen, oder mit den sauren Äpfeln oder den halbreifen Nusskernen. Dieser hier ist aus Metall und grün, weitet sich einfallslos, ist luftbereift, bequem und Massenware.

Ich hege eine treue Zuneigung zu ihm, stelle allerdings fest, dass die Gefühle der Menschen gegenüber Schubkarren noch nicht hinreichend untersucht worden sind. Rufen die einfachen Geräte zur Energieumwandlung – nach dem Hebel- bzw. dem Flaschenzugprinzip – beim Menschen Dankbarkeit hervor, weil sie ihm Mühe ersparen, oder Hochmut, weil sie ihm Macht verleihen? Durch Umwandlung, Teilung und Übertragung der Kraft ermöglichen sie uns, durch weniger mehr zu leisten. Dieses Prinzip liegt dem Schubkarren zugrunde, aber es gibt noch mehr zu bestaunen: das Rad. Die geniale, denkbar einfache, vollkommene Erfindung, die das Gesicht der Welt verändert hat. Ich bewundere am Schubkarren die perfekte Konstruktion, die die Hauptlast der Ladung auf die Radnabe verlegt. Und ich liebe das leichte Schlingern dieses rollenden Dings, wenn die geladene Erde an den Armen zieht und auf die Beine drückt und man nicht mehr weiß, wer steuert, Rad oder Füße, Ding oder Mensch. Mich amüsiert und erstaunt, wie dieses unmöglich zu tragende Gewicht der Erde dennoch taumelnd und torkelnd vorankommt.

Plötzlich eine jähe Veränderung der Landschaft. Der Schubkarren befindet sich nicht mehr im friedlichen Garten. Er bewegt sich zwischen Nacht und Nebel. Schwarzweißbilder kommen blitzend an die Oberfläche. Auf dem für die Gartenarbeit bestimmten Ding sehe ich Leichen, Stapel abgezehrter Körper, kaum noch menschenähnlich, zu Skeletten abgemagert. Die Leichenberge werden in eine Grube gekippt und mit ungelöschtem Kalk verbrannt. Meine Eltern waren erwachsen, als Tausende von Knochen, kaum noch von Fleisch bedeckt, mit dem Schubkarren befördert wurden. Hier und dort hing ein Kopf oder Arm schlenkernd herab und wurde im nächsten Augenblick mit dem ganzen Durcheinander in die Grube gekippt. Gelegentlich wird man von der Geschichte eingeholt. Vor allem, wenn sie so jung ist.

Selbst in den Gärten herrscht kein Friede mehr. Fortan koexistieren zwei Schubkarren, der eine das Spiegelbild des anderen: Leben–Tod, Glück–Schrecken. Dazwischen … nichts. Egal wo, egal wann, kann fortan die Stille des Tages in diese bodenlose Tiefe stürzen. Zwischen dem einen Gesicht der Welt und dem anderen nur die Radnabe. Sie ist leer.

Sense

Immer noch auf dem Land,
und immer noch Vorfrühling

Kalter Schweiß, jähes Erwachen. Teilweise noch immer in namenlosem Schrecken, mit Zweifeln, so schlicht und einfach in die vorhersagbare und platte Welt zurückzufallen, die wir real nennen, doch bereits erleichtert, dass der furchtbare Schrecken im Augenblick nur ein Alptraum ist. Die Kulisse ist direkt von Edgar Allan Poe übernommen: *Grube und Pendel*. Ich bin auf ein Bett gefesselt, unfähig zu fliehen. Starke Lederriemen halten mich an den Handgelenken und Knöcheln fest, vielleicht auch am Hals, ich weiß nicht mehr, das ist verschwommen. Von der Decke, sehr hoch, sehr fern, nähert sich in regelmäßigen Bewegungen ein riesiges Sensenblatt wie das Pendel einer Uhr. Irgendwann, früher oder später, wird es mir die Kehle durchschneiden. Grundlos, unausweichlich. Der Alptraum ist das Warten: mit den Augen den langsamen und schwerfälligen Bewegungen des Pendels zu folgen, immer deutlicher das Pfeifen zu vernehmen, mit dem das Metall die Luft durchschneidet. Zu wissen, dass es vollkommen nutzlos ist, zu schreien oder fliehen zu wollen. Im Halbdunkel auf den kurzen Moment zu warten, wo ein

Lichtstrahl einen kurzen Reflex zaubert, der sogleich wieder verschwunden ist. In jeder Faser des Gehirns die schreckliche Perversion des Begriffs der Schärfe zu empfinden: die Schneide, die das eigene Fleisch zerteilen wird. Das Rasiermesser, welches das Auge in Buñuels *Der andalusische Hund* zerschneidet. Die Kehle durchschneiden, den Bauch aufschlitzen, der Schrecken der Blankwaffen. Tod durch innere Teilung, ganz anders als das Zerquetschen, die Explosion, das Ertrinken, das Verbrennen. Ein stummer, rascher, zunächst fast schmerzloser Vorgang, der das Fleisch klaffend, von sich selbst getrennt zurücklässt.

Ich weiß sehr wohl, dass man die Sense auch mit der Ernte assoziieren kann. Schwere Weizenähren, fruchtbare Erde, die schwieligen Hände des Landmanns umfassen den Griff, gleichmäßig wiegende Bewegung des ganzen Körpers, Vierteldrehung um sich selbst und dann zurück, goldener Fall der Ähren im Lichtkreis des Sommers. Die Sense ist gleichermaßen mit Mutter und Tod verknüpft. Bindung und Loslösung. Das Leben und sein Ende. Zwischen beiden die nutzlose Revolte, der Bauernaufstand ohne Zukunft, die Sensen, geschwungen von der Menge der Aufständischen, die rasch niedergemacht sind.

Niemand verwendet das Ding mehr. Ganz selten entdeckt man es in alten Speichern, Kellern, gelegentlich auch in Museen. Es kommt außer Gebrauch. Das, was es symbolisieren kann, auch. Mit der Verwendung der Sense verschwinden in den alltäglichen Betrachtungen und Gebräuchen auch die Bilder der Ernte, des Todes und der Aufstände, die aus der Not geboren sind. Die Sensenblätter sind heute in weite Ferne gerückt. In die tropischen Länder, nach Ruanda, Südamerika, Pakistan. Vor allem in unseren Köpfen. Denn es gibt geistige Dinge, die nicht weniger real sind, nicht weniger konkret als diejenigen, an denen wir uns stoßen oder schneiden können. Sicherlich sind sie sogar widerstandsfähiger, dichter und härter als die dort draußen. Auf jeden Fall bedrohlicher. So kommt es zur archaischen Präsenz des Schneidewerkzeugs. Dieses Dings, welches das Fleisch von Tieren und Früchten so sauber zerteilen kann. Dieses antiken Dings, das von Opfern und Morden erzählt. Das sich, selbst ohne es auszusprechen, von den Göttern und der Teilung herleitet. Immer findet sich auf der Klinge oder dem Blatt die Spur eines Mordes und die Möglichkeit eines weiteren. Ein Werkzeug dieser Art gehört nicht zu einem Ganzen, weil es zerteilt und zerschneidet. Es bewohnt einen Raum im Hintergrund, vor aller Aufsplitterung, und doch hält sich in seinem Herzen merkwürdigerweise die Abwesenheit.

Ich verstehe selbst nicht ganz, was das alles bedeuten soll. Möglicherweise sind die realen Messer Instandsetzungen des berühmten Lichtenbergschen Messers ohne Klinge, an welchem der Stiel fehlt. Man hat den Stiel ersetzt, die Klinge ergänzt, und wir glauben, dass diese Dinge sich Messer nennen. Doch in Wirklichkeit?

Statue

Im Museum,
eines Sonntags

Sprung ins Ausland. Einladung vom philosophischen Fachbereich einer Universität, um über meine Forschungsarbeiten zu sprechen, einen meiner Lebensbereiche. Sie haben die Ihren, unnötig, auf die Einzelheiten einzugehen, die Expertenfragen, die Spezialfelder, nichts, was die Dinge unmittelbar betrifft. Ausgenommen die Reise, die Art, wie sich die Dinge verändern, sobald man sich – und wenn auch nur ein bisschen – von den Gewohnheiten zu Hause entfernt. Schon die ersten Dinge, die ich hier im Café antreffe, gibt es in meinem Land nicht: eine Metallschale mit Puderzucker, einem Deckel und einem langen Löffel, einen kleinen Tischspender für sehr feine Papierquadrate, die als Servietten dienen, offene und flache Tassen. Die Aufzählung ließe sich fortsetzen. Jede Reise sorgt dafür, dass sich die Dinge verändern: Stoffe, Funktionen, Standorte, Wesen. Kleine Unterschiede, winzige Verschiebungen, die dafür sorgen, dass man woanders ist.

Ein freier Vormittag. Langer Spaziergang am Hafen, danach in ein Museum, dessen Namen ich infolge des dort empfundenen Schreckens bereits vergessen habe. Ich treffe dort kurz vor Toresschluss ein, gerade noch Zeit für einen kurzen Besuch. Erster Stock, der Saal ganz hinten, rechts, dann links, wenn ich mich nicht irre. Auf dem Weg dorthin bedeutende Werke: Primitive, Altarbilder, Triptychen, trotz allem nichts, was mich berührt oder bewegt. Plötzlich, angesichts dieses Dinges dort an seinem erhöhten Platz, gleich am Eingang, überfällt mich ein noch nie empfundener Schauder. Erstarrt, ergriffen, atemlos, das Blut in den Adern gefroren. Ein unbekanntes, schreckliches Empfinden. Die Umgebung und alles andere versinkt. Nur noch diese Statue existiert, ungeheuer, den Finger ausgestreckt. Ich bin mir nicht sicher, ob sie lebt oder nicht. Lange Zeit stehe ich wie versteinert, unfähig zur geringsten Bewegung. Der Engel starrt mich an. Seine Gestalt überwältigt mich, ich begreife nicht, was geschieht, warum dieses Ding eine solche Macht, eine solche Präsenz für mich besitzt, warum es kein Ding zu sein scheint. Schließlich wiederhole ich fortwährend: »Es ist nur aus Holz«, »Es ist nur aus Holz«, um die Panik in den Griff zu bekommen, die mich dort wie festgenagelt stehen lässt. Gleichzeitig denke ich »Ein jeder Engel ist schrecklich«, das muss eine Zeile von Rilke sein, aber ich bin mir nicht sicher.

Ich weiß nicht mehr, wie es mir schließlich gelingt, mich wieder in Bewegung zu setzen und in den Nachbarsaal zu flüchten. Ich habe immer noch Schwierigkeiten zu atmen, aber wenigstens fühle ich mich hier außer Reichweite. Ich fasse mich wieder. Genau das war es: Ich war außer mir. Weshalb? Ich weiß es nicht. Es hatte jedenfalls mit diesem Ding aus Holz auf der anderen Seite der Wand zu tun. Dem Ding, das das menschliche Erscheinungsbild annimmt, das unsere Gestalt nachahmt und sich durch Pose und Haltung das Aussehen eines ähnlichen Körpers gibt. Ist das ein hinreichender Grund? Oder gibt es, von meiner psychopathologischen Reaktion einmal abgesehen, eine besondere Unvernunft der Kunstwerke? Sind sie als Dinge anzusehen, die, in ihrem Stoff verkörpert, mit ihrer Gestalt vermischt, mit ihren Teilen, ihren besonderen Farben, eine besondere Macht besitzen? Von welcher Art? Was ist in dieser Statue enthalten, dass sie mich so plötzlich zur Salzsäule erstarren lassen konnte? Eine Seele? Mit diesem Begriff bringen wir allenfalls unsere Unwissenheit zum Ausdruck.

Jedenfalls gibt es eine Gruppe von Dingen, die sich nicht mit den anderen vermischen. Dinge, die mit besonderer Macht begabt sind – Kunstwerke, sakrale Objekte, Dinge, die mit Phantasmen besetzt sind, mit Wünschen und Botschaften, Dinge, die so angefüllt, so überreich sind, dass sie ständig überfließen.

Fragen 3

Bei diesem Experiment kristallisiert sich ein Problem heraus. Ich bin auf dem besten Wege, mich umzubringen. Möglicherweise versuche ich, eine Grenze zu überwinden, die sich nicht überschreiten lässt. Ich bemühe mich offenbar bis zur Erschöpfung – und manchmal voller Angst –, an ein Ziel zu gelangen, von dem ich im Voraus weiß, dass es nicht zu erreichen ist. Ich weiß noch nicht, ob das am Projekt selbst liegt oder an der Art und Weise, wie ich es in Angriff nehme. Am Anfang hatte es durchaus etwas Ungewöhnliches, vielleicht auch Unsinniges: Herauszufinden, wie es um die Dinge steht, ist nicht gerade ein alltägliches Unterfangen. Trotz allem scheint es mir kein unmöglicher Versuch und nicht unbedingt gefährlich zu sein. Offenbar liegt es am Weg, auf den ich mich begeben habe, dass ich nicht weiterkomme. Aber inwiefern? Ich versuche, mir die wesentlichen Abschnitte des Weges vor Augen zu führen. Lässt sich erkennen, wo ich in die Irre gegangen bin?

Wenn ich mich nicht täusche, waren vor Beginn alle Dinge ohne Überraschung, leicht zu orten. Alle waren dort, wo sie hingehörten, an ihrem Platz. Soweit ich mich erinnere, nahm ich damals die Vielfalt der Dinge in Gestalt eines einzigen Ganzen wahr, fast glatt, relativ trüb, manchmal beruhigend, jedenfalls zu meinem Gebrauch bestimmt. Verfügbar. In dem Maße, wie ich sie anders zu sehen beginne, rücken diese Dinge, die so nah, so leicht zu ergreifen oder zu berühren, stets zu Diensten, stets in Reichweite waren, langsam so fern, dass sie unzugänglich erscheinen, auf immer ihrer Transparenz verlustig. Seit wie vielen Monaten? Acht? Neun? Ich weiß es nicht genau. Ich sehe eine Mischung von höchster Vertrautheit und beunruhigender Fremdheit.

Stets erscheint eine andere Facette in dem Gesicht, das sie uns zeigen. Selbst die einfachsten, vertrautesten Dinge offenbaren einen wilden, unmenschlichen, namenlosen Urgrund. Immer deutlicher erkenne ich, dass zwischen ihnen und mir ein unüberwindlicher Abgrund liegt. Besteht der Fehler darin, ihn trotzdem überqueren zu wollen? Diese stummen, bewusstlosen, passiven, fühllosen Dinge, die eine Welt bewohnen ohne Beziehung zu der meinen, diese Dinge, die mich Lügen strafen, wenn ich behaupte, sie würden eine wie auch immer geartete Welt bewohnen, diese Dinge, die bar jeder Welt sind, kann ich niemals erreichen. Während ich von dieser Möglichkeit träume, habe ich den Eindruck, in dünne Luft vorzudringen. Im Grunde habe ich wohl die Besorgnis, ich könnte meinen Kopf verlassen. Irrtum und auch Ursache der Erschöpfung.

Sprechen die Dinge? Haben sie etwas zu sagen? Sind es nicht wir, immer wieder wir, die ihnen einen Sinn unterschieben, mögliche Äußerungen? Ganz so einfach ist es nicht. Zwar lassen wir die Dinge sprechen, aber ausgehend von den Gegebenheiten, die ihnen innewohnen. Weder sprechen sie wirklich, noch sind sie ganz stumm. Eher sind sie wie Bauchredner. Die Gefahr liegt in dem unmöglichen Traum, in das Schweigen einzudringen, die Materie im Urzustand zu erblicken, die Welt aus der Sicht der Dinge zu erfassen. Dieser Illusion zu verfallen, das heißt, unwiderruflich auf seine eigene Vernichtung zuzusteuern. Austrocknung, Atemstillstand. Schweigen, das niemand kennt.

Um diese Sackgasse zu vermeiden, muss man, wenn möglich, neue Distanzen erfinden. Weder Gleichgültigkeit noch Faszination angesichts der Dinge. Weder Geschwätzigkeit noch Aphasie. Weder Furcht noch Hoffnung. All das bildet ein einziges System. Man muss sich bemühen, einen anderen Weg zu finden. Aber wie? Welchen? Mit wem? Ich weiß es nicht oder noch nicht. Ich weiß nicht, ob ich es jemals wissen werde. Im Augenblick ist alles, was ich in Hinblick auf die Dinge erkenne, dass ich aufhören muss, zu fürchten und zu hoffen, anzuklagen und zu rühmen.

Kein Grund, Angst zu haben. Sich von allen Phantastereien befreien, dass die Dinge einen erdrücken könnten. Sie vervielfältigen sich nur, wenn wir es wollen. Man kann sich immer von dem trennen, was einen einengt. Also Schluss mit den selbst gemachten Alpträumen von den Gebirgen und dem Gewimmel der Dinge. Sie sind ohne Zusammenhang, ohne Absicht, ohne Zweck, sogar ohne Zahl im engeren Sinne. Versuchen wir also herauszufinden, wie wir diese dumpfe Stimme in uns zum Schweigen bringen können, die behauptet, die Dinge würden den Raum füllen, sich der Zeit bemächtigen, den Geist beschweren, den Leib erdrücken und das Leben bedrohen. Gebieten wir den Bildern Einhalt, die uns die Überfülle, das Zuviel, die Herrschaft des Trödels vor Augen halten.

Wenn nicht, müssten wir zu dem Schluss kommen, dass heute die Dinge die Herren der Welt sind. Sagen wir es, seien wir ehrlich. Die Menschheit stellt nur eine winzige Minderheit dar, praktisch ohne Rechte und Einfluss. Unsere Spezies, die noch unlängst als intelligent, sprachbegabt, geschickt galt, hat die Macht verloren. Sind die Dinge mittlerweile nicht unvergleichlich zahlreicher als die Menschen? Fast alle sind sie dauerhafter, stabiler, zuverlässiger. Sind sie uns nicht, was ihre demographische Entwicklung, ihre Langlebigkeit, ihre Haltbarkeit, ihre Organisationsfähigkeit und Vielfältigkeit angeht, weit überlegen, uns mit unserem Leichtsinn und unseren Schwächen?

Ergibt sich nicht der Schluss, dass die Dinge heute unwiderruflich den Schlüssel zu unserer individuellen Existenz und unseren kollektiven Werken besitzen? Sie kontrollieren alles, ohne es erkennen zu lassen. Absolut alles. Jede unserer

Handlungen und Gesten wird durch eine Vielzahl von stummen und scheinbar gefügigen Dingen konditioniert. Reisen, Wünsche, Arbeit und Muße, unser Alltag – alles ist von den Dingen abhängig. Alles richtet sich nach ihrer Zahl, ihrem Preis, ihren Formen, ihren Funktionen. Diese Herrschaft der Dinge ist ubiquitär und ohne Alternative. Sie kennt kein Draußen und kein Anderswo.

Man sollte darauf hinweisen, dass die Dinge oft einen interessanteren Blickwinkel haben als wir. Sie sind besser als die Menschen. Sie sind zweifellos einfacher und gelassener als Sie und ich. Unendlich viel tugendhafter sind sie. Man könnte sogar sagen, dass sie unvergleichlich viel freier und gerechter sind als wir, obschon »frei« und »gerecht« natürlich lediglich Näherungsbegriffe aus dem menschlichen Bereich sind, die sich nur bedingt auf die überlegene Strenge der Dinge anwenden lassen. Es könnte schwierig für uns werden, den Dingen das Wasser zu reichen, zumal sie dieses möglicherweise weder brauchen noch wollen. Doch es wäre Zeit für eine allgemeine Erklärung der Ding- und Objektrechte. Auf jeden Fall ist es Zeit, andere Wege zu suchen.

BERUHIGUNG

Wenn sich der Mensch von den Dingen blenden lässt, lässt er sich mit dem Staub ein. Wenn der Mensch sich von den Dingen beherrschen lässt, trübt sich sein Herz. Ein getrübtes Herz kann nur eine schwerfällige und steife Malkunst hervorbringen und führt zu seiner eigenen Vernichtung ... Daher lasse ich die Dinge den Schatten der Dinge folgen, und der Staub lässt sich mit dem Staub ein; auf diese Weise ist mein Herz ungetrübt, und wenn das Herz ungetrübt ist, kann die Malkunst sich entfalten.

Shitao
Reden über die Malkunst des Mönches Bitterkürbis

Flöte

Zu Hause,
an einem Frühlingsmorgen

Alle Jahre wieder. Jeden Tag wird es früher hell, und einige Wochen lang gelingt es mir, Widerstand zu leisten, mich unter der Decke zu verkriechen, mich gegen das Licht abzuschotten. Dann ändert sich alles mit einem Schlage: Der Schlaf geht von allein zum Sommerrhythmus über – aufwachen bei Sonnenaufgang, Leben nach Maßgabe des Lichts. Ohne Übergang, so plötzlich, dass ich es jedes Mal mit Verblüffung registriere. Wie heute Morgen.

Als ich den klaren Horizont erblicke, bekomme ich Lust, meine Flöte hervorzukramen. Ich kann sie nicht spielen. Für mich ist sie eine versilberte Metallröhre geblieben mit Klappen, die nach einem exakten, komplizierten Plan angeordnet sind. Nie bin ich bis zu dem Punkt gelangt, wo das Ding sich beseelte, seine Schwere verlor und zu schwingen begann. Das macht nichts, versichere ich mir hartnäckig. Oder nein, ich fahre anders fort. Schon seit langem habe ich den Traum aufgegeben, jemals zu spielen, auch nur ganz bescheiden, ein winziges bisschen. Ich fahre fort, ohne Hoffnung, fast ohne Ziel, einfach aus Freude. An der Mischung von Ton und Atem, an dem leichten Schwindel des Luftrausches.

Die für die Musik bestimmten Dinge bilden einen eigenen Stamm. Ihre Beziehung zum Körper ist einzigartig. Sie diktieren ihm ihr Gesetz und erwarten gleichzeitig alles von ihm. Die Flöte verlangt eine exakte Haltung des Rumpfes, der Arme, der Finger, einen genauen Lippenansatz und eine perfekte Atemtechnik. Eine Abweichung von wenigen Millimetern verändert alles. Ein bisschen mehr oder weniger Luft, Zunge, Lippenspannung, Vorrücken der Zähne, Speichel, Kopfneigung, ein bisschen mehr oder ein bisschen weniger Geschmeidigkeit des Daumens, des Fingerdrucks. Vor allem ein bisschen mehr oder weniger In-sich-Ruhen, Sammlung, Konzentration, und abermals der Übergang von einer Welt in die andere. Von der mühelosen in die schwerfällige, oder umgekehrt: von der mühseligen in die vollkommene. Trotzdem wäre die Vorstellung zu einfach, der Körper müsse sich dem Musikding unterwerfen, sich dessen vielfältigen und gleichzeitigen Anforderungen allein und ausschließlich unterordnen. Denn erst der Körper erweckt seinerseits das Ding zum Leben, lässt es aus der passiven Stummheit erwachen, beseelt es und offenbart, was in ihm steckt.

Diese banale Begegnung zwischen Ding und Körper ist das eigentlich Bewegende an der Sache. Ohne es, das Ding, wären Muskeln, Sehnen und Gelenke niemals in der Lage, diese Musik hervorzubringen, die nur das Instrument ermöglicht. Und ohne ihn, den Körper, könnten das Metall, die Röhren, die Löcher, die Rohrblätter hier und die Saiten dort niemals den geringsten Ton erzeugen. Das vermag nur der Musiker. Beide brauchen sich, keines kann ohne den anderen. Jedes verdankt alles der Anwesenheit des anderen. Ding und Körper geben und nehmen, ergänzen sich, beherrschen sich gegenseitig. Unmöglich zu sagen, wer auf wem spielt, der Mensch auf dem Ding oder das Ding auf dem Menschen. Sie spielen eines das andere, eines auf dem anderen, darin besteht das fortwährende Wunder der Musik.

Natürlich können die Bewegungen und Haltungen im Einzelnen unendlich variieren. Je nach den Instrumenten, Repertoires, Epochen, Kulturen, je nachdem, ob geblasen, geklopft, geschlagen, gezupft oder gestrichen wird. Trotz allem bleibt inmitten dieser unendlichen Vielfalt die lautliche und rhythmische Allianz von Mensch und Ding unverändert. Ein Lebenszeichen ... Vergessen wir nicht, woraus die ersten Flöten waren: aus Hohlknochen, in die man Löcher gebohrt hatte, alte Schenkelknochen, die das Singen gelernt hatten. So ist in den Musikinstrumenten ein Gestus, der über den Tod hinausweist, Recycling der Knochen, Rückkehr des Lebens in den menschlichen Leib, der zum Ding geworden ist. Dieser Gestus fehlt nie, egal mit welcher Zeit und welchem Ort wir es zu tun haben: keine menschliche Kultur ohne Musik.

Wäre das ein möglicher Ansatz? Könnte man der Beunruhigung, der Ausweglosigkeit des Schreckens entgehen, indem man sich an der Beziehung zum musikalischen Ding orientiert? Was geschähe, wenn wir uns gegenüber jedem Ding verhielten, als handelte es sich um ein Musikinstrument? Würden wir darauf spielen? Was für eine Melodie? Nach welchen Noten? Müsste man improvisieren?

Es ist Zeit, die Flöte zu reinigen. Ich lasse immer zu viel Speichel hineinlaufen.

Collier

*Im Restaurant,
Frühlingsahnen*

Einige Stunden genügen. Der Wind kommt von Süden, und plötzlich ist die laue Luft zurück, mehr als lau, ein Vorgeschmack auf die Wärme der Hundstage. Ich führe die Frau, die ich liebe, zum Abendessen aus, unter freiem Himmel, unter Bäumen. Ich habe das Gefühl, es ist lange, unendlich lange her, dass wir an einem warmen Abend wie diesem zusammen im Freien waren ... Die Luft ist ein Fest; bald gehen die Lichter an wie ein Versprechen auf Tanz und Ausgelassenheit.

Es ist wunderbar, sie zu treffen, egal wo, hier oder anderswo, zu Hause oder in der Fremde, in vertrauter oder ungewohnter Umgebung, dort, wo sich einer von uns nicht auskennt oder beide nicht. Es ist wunderbar, auf sie zu warten, zu wissen, dass sie kommen wird, immer absolut pünktlich, aber immer den Eindruck erweckend, die Pünktlichkeit sei reiner Zufall. Es ist wunderbar, sich mit ihr zu verabreden, sie in der Menge auszumachen, im Gewühl zu erkennen. Es ist wunderbar, sie von weitem kommen zu sehen, elegant und zart, die Miene zugleich selbstsicher und –

fast unmerklich – ein wenig verloren. Wunderbar der Augenblick, wo sich unsere Blicke finden, dieser Moment des Aufleuchtens und des halben Lächelns, egal wo es ist. Weder die Monate noch die Jahre oder die unabsehbare Folge von Verabredungen können der Intensität dieses Augenblicks den geringsten Abbruch tun.

Ein schwarzes Kleid, sie trägt ein sehr einfaches und schönes Kleid. Einen Moment lang frage ich mich, was schwärzer ist, das Kleid, die Augen oder das Haar. Mir bleibt keine Zeit, das Aufleuchten ihres Lächelns zu genießen. Sie hat noch keinen Schritt getan, da springt mir ihr Collier ins Auge. Gewiss, es ist schön und steht ihr hinreißend. Und es ist lieb von ihr, dass sie daran gedacht hat, es zu tragen, gerade heute Abend, in dieser milden Luft, die an die griechische Insel erinnert, wo ich es ihr geschenkt habe, als wir ihren Geburtstag das erste Mal zusammen feierten.

Sie gestatten, dass ich die Beschreibung des Colliers und des Abendessens auslasse. Sie sind Teil meines Privatlebens. Der einzige Aspekt, der zum laufenden Experiment gehört, ist der folgende: Das Collier macht mir begreiflich, dass es eine ganz besondere Kategorie von Dingen gibt, zu denen offenbar auch dieses Halsband gehört. »Juwelen«, »Schmuck« sind Wörter, die nichts aussagen bzw. kaum etwas oder ganz wenig. Eher handelt es sich um Haut-Dinge, Dinge-die-auf-dem-Körper-zu-sehen-sind, kunstvoll verarbeitete Dinge, einerseits nutzlos, andererseits von höherem oder höchstem Nutzen. Sie haben nichts mit Geld oder Reichtum zu tun: Sehr häufig sind sie bei denen anzutreffen, denen es an allem fehlt. Indern, Nomaden, Völkern ohne Schrift, ohne Industrie, ohne Mode; doch selbst die Völker, die, wie wir glauben, gar nichts besitzen, sind niemals Völker ohne Schmuck. Allgegenwärtig sind dort Hals- und Armbänder.

Doch diese jederzeit und überall anzutreffenden Dinge gehören trotzdem dem Hier und Jetzt an, zu diesem Menschen und diesem Stück Haut. Wie in der Musik: subtiles und individuelles Zusammenspiel von Ding und Körper. Allerdings geht es in diesem Fall nicht um Töne. Lediglich darum, zu zeigen. Wer zeigt was? Das Collier den Hals? Der Hals das Collier? Sie zeigen sich gegenseitig? Verweisen sie auch noch auf anderes? Das Überflüssige, das dem Leben Wert verleiht? Die Pracht der Dinge ohne Überlebenswert?

Es ist festzuhalten, dass dieses Überflüssige auf keinen Fall zweitrangig ist gegenüber den Dingen, die wir zum Überleben brauchen. Die Menschen befriedigen nicht zuerst ihre Grundbedürfnisse, ihre leiblichen Ansprüche, um sich erst dann ästhetische Spielereien und Luxusgegenstände einfallen zu lassen. Diesem Luxus begegnen wir bereits bei den primitiven Völkern. Er ist in den ältesten und ärmsten Kulturen vorhanden. Seit grauer Vorzeit preisen wir missratenen Affen fortwährend die unabdingbare Notwendigkeit der Dinge, die wir nicht zum Überleben brauchen.

Regenschirm

In der Stadt,
am Nachmittag

Nie ist es in diesem Land länger als zwei oder drei Tage warm. Dann kommen die Gewitter, die Stürme, die Temperaturstürze – und die Erleichterung der Menschen. Endlich regnet es, endlich ist alles wieder normal. Sie meckern, beklagen sich über das Hundewetter, trotzdem empfinden sie es als normal, nicht so beunruhigend wie diese drückende Hitze, die irgendwoher kommt, niemand weiß, woher. Kurzum, der Regenschirm ist angesagt.

Da haben wir ein Ding, das nie ausreichend gepriesen wird. Einfallsreich, durchdacht, geschickt, raffiniert, ist er nicht nur nützlich, unentbehrlich, zuverlässig, sondern auch erstaunlich: Die Entfaltung eines Regenschirms ist, wenn man sie aufmerksam verfolgt und auf das Zusammenspiel aller Gelenke, die Spannung des Stoffes, die wunderbare Beschaffenheit dieser zur Krone sich öffnenden Metallarchitektur achtet, ein höchst aufschlussreiches Schauspiel, wenn auch kaum zur Kenntnis genommen, obwohl es sich doch ständig allen Bewohnern der so genannten gemäßigten Zonen bietet. Ich glaube, der Erfinder des Regenschirms oder die vielen klugen Köpfe, die ihn von Generation zu Generation verbessert haben, besaßen einen besonders ausgeprägten Sinn für Ästhetik und handwerkliche Vollkommenheit. Ich weiß nicht, ob man ihnen Denkmäler errichtet hat. Ob Historiker von ihnen Kenntnis nehmen? Ich vermute es. Falls nicht, sollten sie es. Wenn aber die wenig wahrscheinliche Hypothese zutrifft, dass sich die Entstehung des Regenschirms im Dunkel der Zeit verliert, dass sie ein kollektives und anonymes Geschehen war, dann müsste man einen Erfinder erfinden …

Dieser Mensch war natürlich ein Poet. Denn niemand brauchte einen Regenschirm. Es gab Dächer, überdachte Passagen, Laubwerk und – für Wege unter freiem Himmel – alle möglichen Kleidungsstücke: Hüte, Umhänge, Mäntel. Der Regenschirm war nie eine Notwendigkeit: vielleicht ein tragbares Dach, ein Himmel für sich, eine bewegliche Zuflucht, die beim Gehen unter einem senkrecht fallenden Regen Schutz, aber auch Beruhigung bietet, weil sie uns gegen die milchige Unendlichkeit über unseren Köpfen abschirmt. Aus fast nichts erschafft der Regenschirm eine außerordentlich raffinierte Welt: eingefasst, aber nicht geschlossen, geschützt, aber nicht abgeschottet, zugleich stationär und beweglich, stabil und flüchtig, periodisch und permanent.

Möglicherweise ist der Regen nur ein Vorwand. Es gibt genügend andere Dinge, vor denen Schutz gesucht wird.

Nicht vor dem Wasser bewahrt uns der Regenschirm, die Tropfen sind nur zweitrangig. Tatsächlich schützt uns dieses Ding vor dem Himmel. Es bietet uns einen eigenen Himmel: klein, undurchsichtig, tragbar, nach unserem Maß gestaltet. Schluss mit dem unendlichen Raum. Schluss mit der gähnenden Leere, Schluss mit dem Eindringen von oben. Nichts stürzt mehr von oben auf uns ein. Endlich sind unsere Blicke auf die Erde gerichtet. Ich hatte immer den Eindruck, dass es sich unvergleichlich besser unter einem Regenschirm denken lässt.

Sein größter Vorteil: der Egoismus. Der Regenschirm bildet einen Himmel ganz für sich, beweglich und maßgeschneidert. Ein Egoismus, der noch dazu als legitim, harmlos und normal gilt, was ziemlich selten ist. War der Erfinder des Regenschirms ein Philanthrop, der den Menschen von seinesgleichen trennen wollte? Wusste er, dass der Mensch dem Menschen ein Regen ist?

Auto

Auf der Straße,
eines Abends

Einst, vor langer oder auch vor kurzer Zeit, je nachdem, waren die Dinge vollkommen passiv. Alle. An einen Ort gestellt, waren sie unfähig, sich zu bewegen, und warteten auf eine lebendige Kraft, die sie beförderte, verlagerte. Ohnmächtig und nicht in der Lage, auch nur die geringste Bewegung zu vollführen. Schwer und unbeweglich, dicht, unendlich in sich ruhend. Irgendwann konnten sie bewegt, vom Wasser getrieben oder von großen Tieren gezogen werden. Nie aber bewegten sie sich aus eigener Kraft. Nie. Das war undenkbar.

So gesehen, haben wir die Welt verändert. Es sind Dinge entstanden, die in der Lage sind, sich zu bewegen. Mobil und kraftvoll. Sie bewegen sich von selbst, aus eigenem Antrieb, und befördern unsere Leiber rascher und weiter, als wir es von unseren Kräften je erhoffen könnten, es sei denn im Traum.

Können wir diese Wirklichkeit aber auch denken? Offenbar nicht. Gewiss nicht. Ich steige ins Auto, starte und fahre los, ohne mir wirklich klar zu machen, dass ich in einem

Ding sitze, das fährt und das ich, als Mensch, der in einem Ding sitzt, lenke. Auch die Seele befindet sich ja nicht im Körper wie ein Lotse in einem Schiff, sondern ist vollkommen mit ihm verschmolzen. Genauso wird der Fahrzeuglenker zu diesem Ding, das umgekehrt zu ihm selbst wird.

Das Auto ist nicht einfach ein Ding, sondern eine Erweiterung des Körpers, eine Fortsetzung der Bewegung. Es ist ein Machtgewand, eine Geschwindigkeitshülle. Die Grenze zwischen Körper und Ding wird äußerst fließend, schwer zu bestimmen. »Ich parke in der Straße hinter dem Restaurant«, sagt er und sitzt im Lokal. Wo befindet er sich nun? Auf diesem Stuhl oder in der Straße hinter dem Restaurant? Ist sein Körper hier oder dort? Seine eigene Äußerung besagt, dass er es nicht weiß. Sein Körper ist fließend. Unser aller Körper sind fließend.

Man könnte sich vorstellen, dass plötzliche alle Autos verboten würden. Von einer Ökodiktatur, einem grünen Taliban-Regime, einem fanatischen Anhänger archaischer Verhältnisse. Es spielt keine Rolle, welche unwahrscheinliche Narretei zu diesem jähen und endgültigen Stillstand aller Automobile führen würde. Die alten Wracks würden rosten und nach und nach zerfallen. Heldenhafte Widerstandskämpfer würden Vergaser in verborgene Höhlen schaffen. Mit ein bisschen Phantasie ließe sich die Fiktion dieser Welt ausspinnen, in der alle wieder zu Fußgängern oder Reitern würden.

Was man sich allerdings nicht vorstellen könnte, wäre die Frage, was dann mit unseren Leibern würde. Wie fänden sie auf die Erde, auf die Füße zurück? Wie könnten sie sich damit abfinden, dass sie sich mit einem Mal nur noch langsamen Schrittes, schwerfällig bewegen könnten, nachdem sie die unendliche Leichtigkeit der Geschwindigkeit, der Allgegenwärtigkeit erfahren haben?

Ich bin überzeugt davon, dass es in diesem Falle unzählige Depressionen gäbe. Massenselbstmorde. Als würden die Menschen beobachten, wie ihre Schädeldecke herabstürzt und ihr Gehirn zermalmt wird. Schon zu lange entfernt uns die Bewegung der motorisierten Dinge von uns selbst und hebt uns von der Erde ab. Schon zu lange und zu weit. Einst wusste die Menschheit – es ist so viele und zugleich so wenige Jahre her –, dass das Fliegen ein unerfüllbarer Traum ist. Wir jedoch ertrügen es nicht, ewig auf das Fahren und Fliegen zu verzichten. Wir wüssten nicht, warum es uns unmöglich wäre. Im Übrigen denken wir fast nie an diese Möglichkeit. Die Wahrscheinlichkeit, dass sie irgendwo verwirklicht werden könnte, ist gleich null. Wir fahren und fahren. Und doch muss irgendetwas geschehen sein.

Koffer

Zu Hause,
  eines Nachmittags am Ende des Winters

Ich fahre einige Tage aufs Land. Man ahnt den Frühling schon. Das Licht verändert sich. Freunde stellen mir ihr Haus zur Verfügung, oben auf einem Hügel, von dem man weit blicken kann. Ein Ort, den ich gerne mag, wo ich Ruhe finde, der Erde, dem einfachen Leben nah.

Also der Koffer. Für mich ist er ein freundliches, beruhigendes Ding, obwohl er vielen Menschen Angst macht. Ich bin entweder zu sehr Nomade oder zu sesshaft: Der Anblick eines Koffers bereitet mir vor allem Vergnügen. Ich finde immer Gefallen an der Ortsveränderung, egal ob es sich um Aufbruch oder Rückkehr handelt. Vor allem ist der Koffer ein vernünftiger Gegenstand. Rechteckig, solide, zwingt er uns zu einer minimalistischen Einschätzung der tatsächlichen Körperbedürfnisse. Das Beruhigende am Koffer: Er ist ein kleines, bewegliches Haus, das man mit einer Hand trägt oder auf Rollen neben sich herzieht. Unmöglich, alles mit sich zu schleppen. Unmöglich und überflüssig. Die Wahl wird uns durch das Gepäck, durch dessen Grenzen aufgezwungen. Eine Stilübung. Ein Maximum von Möglichkeiten in einem Minimum von Raum. Prägnanz und Effizienz. Schlichtheit eines – vorübergehend – auf das Wesentliche beschränkten Lebens. Nur das, was nötig ist. Dennoch mit ein bisschen Überflüssigem – als schöne Geste. Für den Fall, dass. Man weiß ja nie. Und wenn ein Abenteuer. Warum nicht, wenn es geht.

Die philosophische Askese des Koffers. Das hat etwas Epikureisches. Der Leib hat nur wenige Bedürfnisse. Das Glück ist möglich, wenn sich das Verlangen in den engen Grenzen des Körpers hält. Traum von einer Welt, in der jeder nur einen Koffer bei sich trägt, leicht genug, um ihn mühelos zu tragen. Mit allem darin. Mit allem, was er braucht, allem, was er besitzt, allem, woran ihm liegt. Diese Welt wäre sicherlich besser, leichter zu bewohnen. Aber weiß ich das wirklich?

Wäre es nicht ganz im Gegenteil die schlimmste aller möglichen Welten, eine Nicht-Welt? Ich sehe das Bild vor mir, und das Blut gefriert mir in den Adern. Hunderte, Tausende, Zehntausende, Hunderttausende von Frauen, Männern und Kindern, alle einen Koffer in der Hand. Es ist noch gar nicht so lange her. Die Menschen hatten das Alter meiner Eltern. Sie bestiegen die Züge. Kamen nicht wieder. Ihre Koffer stapelten sich zu Gebirgen. Sie selbst wurden ermordet, verbrannt, zu Asche. Es gibt keine Worte. Keine Vergleiche. Keinen Grund.

Trotzdem gibt es immer noch Dörfer und Felder. Das ist normal. Man kann es nicht verstehen.

Fernsehapparat

Auf dem Land,
am Sonntagabend

Deutlicher ist es, wenn der Bildschirm schwarz ist. Dann ist zu erkennen, dass der Fernsehapparat ein undurchsichtiger Gegenstand ist, ein dunkler Kasten. Sonst, mit allem, was sich da bewegt, bunt, zappelnd und springend, gerät dieser Umstand in Vergessenheit. Man hält das Ding für lebendig. Anders, wenn es ausgeschaltet ist: Dann ist es dunkel, würfelförmig, erscheint friedfertig, täuschend vertraut, vielleicht bedrohlich. Man weiß nicht so recht, was aus dieser Blackbox herauskommen kann. Vielleicht beobachtet sie uns, vielleicht weiß sie auch von nichts.

Das ist wieder so eine Sache wie beim Computer – mit Bildschirm und Licht. Bewusstsein, wenn Sie so wollen. Doch alles scheint umgekehrt zu sein. Der Computer ist weißes Licht, Wachbewusstsein, offen für sprachliche Äußerungen, Initiativen, Recherchen, Spiele, Pläne, Berechnungen, kreative Einfälle. Der Fernseher weist alle Farben auf, ohne dabei aufzuhören, schwarz zu sein. Verdunkeltes, erstarrtes, hypnotisches Bewusstsein. Vollkommen passiv, schlingt man alles in sich hinein, ohne sich zu rühren oder zu mucksen. Die Bilder fesseln die Aufmerksamkeit, lähmen sie, kanalisieren sie, beschneiden und verschlingen sie. Der Blick ist vereinnahmt, der Körper erschlafft, das Denken ruhig gestellt.

Das ist nicht unangenehm. Es wird einem auf der Stelle eine Phantasie-Infusion verabreicht, keine Alternative, kein Entkommen. Mit Beschlag belegt. Von der Schnitttechnik, den Absichten, den manipulierten Bildern gegängelt. Das ist nicht unangenehm – es sei noch einmal gesagt, denn das ist das Schlimmste daran, der Schlüssel zum Erfolg des Fernsehens, zur Tatsache, dass es die Welt heute fester im Griff hat als irgendein anderes Kontrollinstrument. Man wird mit Fertigbildern abgefüllt und empfindet es nicht als unangenehm – ganz im Gegenteil gilt es, diesen Zustand in einer Endlosschleife zu wiederholen. Als wäre man, solange die Infusion währt, aller Verantwortung für sich enthoben, von der Aufgabe entbunden, sich Gedanken zu machen, ein Körper zu sein. Das Betäubungsmittel liegt in dem Ding selbst. Man könnte sehr gute Sendungen machen – Sendungen, die informieren, erziehen, bilden –, doch auch das würde keinen Zuschauer aufwecken. Denn es wäre nur der Traum vom Aufwachen in einem tiefen Schlaf.

Ich glaube, kein Soziologe hat je erwogen, die Beziehung zwischen der Vermehrung der Fernsehapparate und dem Rückgang der Revolten zu untersuchen. Da wären gewiss einige Erkenntnisse zu erwarten. Seit der Fernsehapparat die Weltherrschaft angetreten hat, gab es keine politische Revolution mehr. Vielleicht wird es nie wieder eine geben. Der Fernsehapparat ist nicht irgendein Herrschaftsinstrument, Zwangsmittel oder Kontrollwerkzeug. In gewissem Sinne ist er mehr und besser: Er bewirkt die eigene Abwesenheit zu Hause. Sie glauben, die ganze Welt in Ihrem Wohnzimmer zu sehen. Tatsächlich aber haben Sie sich absentiert.

Schleifmaschine

Unter dem Dach,
mittags

In diesem Haus bin ich ständig mit irgendwelchen Arbeiten beschäftigt. Je nach den Erfordernissen werde ich zum Klempner, Zimmermann, Fliesenleger, Maurer, Gärtner oder sogar Dachdecker – lauter Fertigkeiten, die ich mir allmählich und in der Praxis angeeignet habe, als ich vor langer Zeit im Laufe mehrerer Jahre ein Haus, das mir gehörte, vom Keller bis zum Dachgeschoss renovierte. Das Vergnügen, das mir diese Arbeiten bereiten, nährt meine Überzeugung, ich sei kein echter Intellektueller. Umso besser!

Dieses Haus gehört Freunden. Ihnen die Arbeiten abzunehmen ist meine Art, ihnen zu danken. Sich in dieser Weise eines Hauses anzunehmen ist immer etwas Besonderes. Als würde man die Fasern eines lebendigen Ortes einer Heilbehandlung unterziehen. Einige Zeit lang ein bisschen Verwüstung und Unannehmlichkeit (Durcheinander, Schutt, Schmutz, Arbeitsspuren). Ähnlich einem chirurgischen Eingriff. Doch wenn alles zusammenwächst und verheilt, hat sich die Lebensqualität des Hauses verbessert.

Den ganzen Vormittag schmirgle ich den Parkettboden in einem neuen Zimmer, das unter dem Dachboden eingerichtet worden ist. Der Bandschleifer ist ein einfaches Modell von mittlerer Geschwindigkeit, den man sehr flach führen muss, damit er keine Rillen ins Holz frisst. Der Lärm ist betäubend, und ich stopfe mir die Ohren mit Wachspfropfen zu, um hinterher nicht noch stundenlang ein Pfeifen zu hören. Außerdem muss ich Nase und Mund mit einem Papierfilter gegen den dichten Staub schützen. Winzige Holzspäne und hellgelber Staub setzen sich nach und nach auf Haaren, Augenbrauen, Wimpern und der ganzen Haut ab.

Der kraftvolle, aber nicht mehr ganz neue Motor zittert und vibriert. Die Schwingungen pflanzen sich über Daumen, Faust, Ellenbogen und Schulter fort. Schon bald vibriert der ganze Körper und lässt sich von dem zugleich schrillen und sonoren Rhythmus des Maschinen-Dings mitnehmen. Nach und nach verändert das Parkett seine Farbe. Die obere Schicht von Fett, Firnis und Alter weicht langsam dem wieder zum Vorschein kommenden matten Holzton. Häufig wirken Dinge auf andere Dinge ein. Im Falle der Werkzeuge immer. Das Schleif-Ding verwandelt das Parkett-Ding, allerdings auf ganz besondere Weise: durch Abtragung einer sehr dünnen Schicht, die trotz ihrer Feinheit in der Lage ist, das ganze Erscheinungsbild zu verändern.

Schluss mit allen Unebenheiten. Entscheidend ist die Glätte. Eine ruhige, begradigte, aufgehellte, saubere Fläche. Wäre es wünschenswert, dass es für alles Schleifmaschinen gäbe? Maschinen zum Glattschleifen von Ideen, Worten und Werken? Wären solche Geräte zu begrüßen? Unter dem Einfluss von Vibrationen, Staub und Lärm habe ich offensichtlich meinen Verstand eingebüßt. Alle diese Maschinen gibt es schon längst.

Staubsauger

Auf dem Dachboden,
eines Morgens

Wenn man mit einer Schleifmaschine arbeitet, setzt sich überall eine dünne Staubschicht ab, auf allen flachen und waagerechten Flächen, selbst ganz oben, auf den Zierleisten, den Fensterkanten, auf Türrahmen, Türflügeln, in jedem Winkel. Folglich muss man dort überall mit dem Staubsauger hin. Nichts gefällt mir so sehr, wie die gelb-sandfarbene Schicht Millimeter für Millimeter verschwinden zu sehen. Verschwunden die Linie, die jede Zierleiste der Tür gerändert hat, verschwunden im gleichen Takt wie das Fortschreiten des Geräteaufsatzes. Genauer: Die Saugwirkung lässt die Staubschicht *vor* dem Aufsatz verschwinden, bevor dieser den Staub erreicht. Das Ganze vollzieht sich rasch und stellt im Handumdrehen das frühere Aussehen des Zimmers wieder her.

Der Staubsauger ist ein faszinierendes Tier-Ding. Wiederholte spitze Schreie oder ein schriller Dauerlaut: Seine Stimme verändert sich mit der Unterlage, den Materialien, Bodenbelägen. Ein langer, biegsamer Rüssel, unersättliche Gefräßigkeit – der Staubsauger ist ein tropentaugliches technisches Schwein, ein ausgehungertes, technisches Fabelwesen, wie Ganesh, der elefantenköpfige Sohn von Shiva und Parvati. Sehr häufig riecht er aus dem Mund. Kein Zweifel daran, dass seine Gefräßigkeit auch vor dem Menschen nicht Halt macht. Setzen Sie einmal nur so zum Spaß das Rohrende irgendwo an Ihrer Haut an. Sie wird sofort angehoben, angezogen, gestreckt, während der Bauch des Dings einen erstickten Laut ausstößt, ein hungriges und befriedigtes Stöhnen, das nichts Gutes verheißt. Sehen Sie sich nicht im Geiste schon eingesaugt, verschwunden wie alles andere? Fortgeschafft wohin? Doch wäre der Staubsauger nur das, so wäre er ein nützliches Ding, amüsant, aber kein Ausgangspunkt für Meditationen.

Nun gibt aber kein häusliches Ding so viel zu denken wie der Staubsauger. Er ist der Freund von allem, was klar und deutlich ist. Wenn alles voller Krümel und Fusseln ist, stellt der 1000-Watt-Kraftprotz den Repräsentationsraum wieder her. Wäre der Wunsch zur Wiederherstellung des Repräsentationsraums nicht ein starkes Motiv, wenn man keine Lust hätte, den Staubsauger zu nehmen? Sicherlich gibt es wichtigere Motive: Denn du bist Erde und sollst zu Erde werden. Asche zu Asche, Staub zu Staub. Der entscheidende Punkt: Wir sind alle aufsaugbar, alle für den Schlauch und seinen Aufsatz bestimmt, für das Vergehen im großen Beutel des kosmischen Staubsaugers. Wer leert ihn? Wohin kommen die Staubteilchen? Verursachen sie im Rohr gelegentlich ein leises metallisches Klingeln wie Knöpfe, Büroklammern und Nadeln?

Ich stelle mir vor, dass das nicht mehr aufhört. Nach und nach werden mit dem Staub auch die leichteren Dinge angesaugt. Dann die mittelschweren, dann die gewichtigen. Die Welt verschwindet. An ihrer Stelle breitet sich allmählich eine wunderbare Leere aus. Irgendwann ist der Prozess abgeschlossen. Das ganze Universum ist aufgesaugt. Endlich hat man mit der Vergangenheit Tabula rasa gemacht. Die Revolution ist abgeschlossen. Alles ist verschwunden. Nur einige Fragen bleiben: Wenn es stimmt, woher weiß ich es? Am Rande: Was wird aus dem Kundendienst? Metaphysisch: Sind wir das wirklich alles los?

Fahrrad

Auf der Landstraße,
an einem Frühlingsmorgen

Ich kenne sie auswendig, diese zehn Kilometer, die das Haus vom Meer trennen. Schnurgerade, abgesehen von einem Umweg, um dem letzten Bauernhof vor den Dünen auszuweichen, dann der Hügel am Ende und der sanfte Abhang zur Küste, sobald man die lange, verdeckte Senke hinter sich hat. Den besten Eindruck von der Strecke gewinnt man auf dem Fahrrad. Zuerst muss ich es allerdings überholen: abstauben, aufpumpen, die Bremsen überprüfen, den Sattel einstellen, die Radlager ölen. Jedes Mal, wenn ich mich mit einem Fahrrad beschäftige, fällt mir das 19. Jahrhundert ein. Ihm gehört dieses Ding an. Auch wenn das Fahrrad in der Folgezeit vervollkommnet wurde, seine Grundkonstruktion trägt die Erkennungszeichen der Epoche, die von Stahl und Rohren geprägt war. Verrät den Sinn für Mechanik und Gleichgewicht. Exakt in der Berechnung, einfach in der Wirkung. Das Fahrrad ist der Vetter der Eisenbahn, der Dampfmaschinen, der Metallgerüste. Ein Ding, das aus einem alten Stich zu stammen scheint, einer Radierung, einer Strichzeichnung, irgendeiner Schwarzweißabbildung in einer Zeitschrift, die noch keine Fotos kannte. Zugleich schlicht und kompakt, und dabei unnötig detailliert.

Es ist ein Ding, das seine Funktionsweise nicht erkennen lässt. Bevor es sich in Bewegung gesetzt hat, denkt man, dass dieser Haufen Eisen nie etwas zustande bringen kann. Schlecht zusammengefügt – ungenau, zufällig. Und nicht zu vergessen: schwerfällig. Doch schon nach den ersten drei Metern spürt man etwas ganz anderes, ein leichtes, schwereloses, geradliniges, müheloses, vollkommenes Gleiten. Das Fahrrad existiert in zwei Formen, in der ruhenden und in der bewegten: Beim Übergang verwandeln sich alle seine Eigenschaften von Grund auf. Insofern hat das Fahrrad etwas von einem Musikinstrument: Die Gesamtheit von Ding und Körper erlebt eine Mutation, die nur während und infolge ihrer Begegnung stattfindet.

Vor allem ist es ein Ding des Gleichgewichtes dank Bewegung. Unbewegt fällt es. Aufrecht hält es sich nur in der Vorwärtsbewegung. Nie darf es anhalten, wenn es bleiben will, was es ist. Das trifft nur auf sehr wenige Gegenstände zu: den Reifen, den Kreisel – weitere Dinge des 19. Jahrhunderts, die den Kindern der Reichen unter Aufsicht ihrer Kindermädchen in den Parks zum Zeitvertreib dienten. Um ein Fortbewegungsmittel zu ersinnen, herzustellen und unter die Leute zu bringen, das von der Muskelkraft des Menschen angetrieben wird und nur es selbst ist, solange es in Bewegung bleibt, bedurfte es des 19. Jahrhunderts, des Jahrhunderts des Kapitalismus, des unverbrüchlichen Glaubens an die Wissenschaft, an den Fortschritt der Geschichte. Alle drei wie das Fahrrad: Sie können nur in der Vorwärtsbewegung fortbestehen.

Ich gelange zur verdeckten Senke, die vor dem Abhang zum Meer liegt. Der Himmel ist milchig, im Grunde ist die Luft schon mild. Ein Empfinden großer Leichtigkeit hat mich erfasst. Das Fahrrad lässt die Bewegungen, die ich machen muss, um vorwärts zu kommen, in Vergessenheit geraten. Während ich in einen anderen Gang schalte, denke ich, dass sich dies durchaus auf das Wissen beziehen lässt. Was ist das »Know-how« des Fahrrads? Fast nichts, was sich erklären, beschreiben oder vermitteln ließe. Keine Bedienungsanleitung, noch nicht einmal ein Faltblatt. Lediglich das Vertrauen in die Bewegung und ihre Fortdauer, die Anpassung des Körpers, die er von selbst findet und nie wieder vergisst. Dieses Wissen ist ganz oder gar nicht: Niemand kann halb oder zu zwei Dritteln Rad fahren.

Nun komme ich langsam außer Atem. Glücklicherweise ist der Abhang zum Meer schon nah. Ich genieße diesen Augenblick, da die Muskeln anfangen sich zu verkrampfen und das Herz pocht, aber plötzlich nichts mehr als müheloses Abwärtsgleiten stattfindet. Ich muss nichts mehr tun, höchstens hin und wieder einen Blick auf die Straße werfen und die Mütze festhalten. Der Himmel ist noch immer weiß, das Meer am Horizont hellgrau, in Erwartung eines

Gewitters. Das Fahrrad läuft geräuschlos, ohne mein Zutun, ist reine Ortsveränderung, fast regungslos im Herzen der Bewegung. Das endet nicht, niemals, so fahre ich endlos bergab, eine Ewigkeit, ein Jahrhundert um das andere. Manchmal entkommt man der Zeit. Nur einen Augenblick lang, wenn das Paradox erlaubt ist. Von der Zeit aus gesehen, ist das eine Angelegenheit von wenigen Sekunden oder Minuten, nicht der Rede wert. Doch außerhalb der Zeit lässt sich dieses Ereignis definitionsgemäß durch keine Zahl beschreiben. Es ist ohne Dauer. Dergestalt haben die Menschen Zugang zur Ewigkeit. Nicht dadurch, dass sie ewig währen, sondern dadurch, dass sie gelegentlich, sehr selten, auf dem Fahrrad aus der Zeit hinausfahren können.

Kabel

In der Stadt,
im Frühjahr

Sie kommen pünktlich, sind tüchtig und unpersönlich. Technisch beschlagen, kompetent. Die Leute, die für die Kabel zuständig sind, die Leute, die verbinden und anschließen. Gleich bei der Ankunft erkunden sie die Verhältnisse. Sie kennen den besten Weg, um das Kabel bis zu Ihnen zu führen. Dann stellen sie die Verbindung her und schalten Sie frei. Jetzt sind Sie angeschlossen, verkabelt. Physisch vernetzt. Was durch dieses Kabel befördert wird, ist unendlich vielfältig: elektrische Energie, Gespräche, Bilder, Töne, Texte, Post – das wissen Sie natürlich alles.

Seit die Techniker das Breitbandkabel für einen superschnellen Internetzugang angeschlossen haben, versuche ich mir darüber klar zu werden, was das eigentlich ist, so ein Kabel. Ein Kabel im Allgemeinen, ein normales Kabel für den elektrischen Strom oder fürs Telefon. Vermutlich das häufigste aller verborgenen Dinge. Überall gibt es sie: in der Erde, den Wänden, den Decken, unter den Straßen, am Meeresgrund, in den reichen und den armen Ländern, den warmen und den kalten. Nichts ist so gerecht verteilt wie das Kabel. Schaffen Sie das Kabel ab, und Sie lassen mit einem Schlag die Welt verschwinden, in der wir leben: keine Elektrizität mehr, kein Telefon, kein Fernsehen, kein Internet. Gewiss, wir steigen immer häufiger auf andere Techniken um – auf Satelliten- und andere drahtlose Verbindungen. Doch das sind nur Bruchteile des Netzes, das auf eine bunte Vielfalt von Kabeln angewiesen bleibt. Auf ganze Familien, ganze Sippen von Kabeln mit lauter verschiedenen Funktionen, Größen, Farben und Beschaffenheiten.

Alle diese Kabel stellen zwischen den Menschen ein Gewebe von greifbaren und verborgenen Verbindungen her. So gut wie niemand denkt an sie. Stellen Sie sich trotzdem vor, Sie würden der Telefonleitung folgen. Dann kämen Sie am Ende zu der Person, mit der Sie sprechen, auch wenn sie sich in Seoul, Sydney, Buenos Aires oder Vancouver befände. Die Spezies Kabel, die jetzt hier und da in Frage gestellt wird, erlebt seit zwei Jahrhunderten eine beispiellose Expansion. Am Anfang des 19. Jahrhunderts gab es nur ein Ding dieser Art. Heute findet man auf allen Kontinenten Milliarden und Abermilliarden von ihnen. Man könnte eine Geschichte und, vor allem, eine Geographie des Kabels schreiben, nachzeichnen, wie dieses Ding die Welt erobert und ihr überall seinen Stempel aufgedrückt hat. Man müsste darlegen, wie es die Unternehmen geschaffen, die Experten und Geodäten, Ingenieure und Arbeiter mobilisiert hat. Die Geschichte der Moderne vermischt sich mit der des Kabels – anhand der einen lässt sich die andere fast vollständig rekonstruieren.

Inwiefern ist die Existenz des Kabels beruhigend? Weil es den Gedanken gestattet, dass die Menschen, die wir lieben, »am anderen Ende der Leitung« sind? Weil es unter der Erde ein unendliches Flechtwerk bildet, das an Venen, Arterien, Nerven, die Verdrahtung eines gigantischen Organismus denken lässt? Weil sich in diesem gewaltigen Geflecht Wörter mit ungeheurer Geschwindigkeit befördern lassen? Ein ganz anderer Grund ist ausschlaggebend. Beruhigend an der Existenz des Kabels ist seine gummiartige Banalität. Die Welten, die es befördert, mögen noch so virtuell sein, sie befinden sich immer und überall in einem Kabel, sei es eine Einzelleitung oder verdrillte Doppelleitung, aus Metall oder Glasfaser. Durch die Kanalisation, über die Dächer, unter den Bürgersteigen der Städte, in den Treppenstufen, durch die Türrahmen. Wirklich, das beruhigt.

Wasserwaage

In meiner Wohnung,
   am Abend eines Wochentages

Mit dem Beginn des Sommers lassen die Dringlichkeiten nach. Ich fange an, die Stapel von Büchern, Briefen und Akten zu ordnen, die seit vielen Wochen herumliegen. Um der steigenden Unordnung meines Arbeitszimmers Herr zu werden, baue ich sogar ein neues Regal im Flur auf. Das bringt ein Wiedersehen mit einer alten Freundin, der Wasserwaage. Denjenigen, die sich in schamloser Unkenntnis dieses Dinges befinden, sei kurz ins Gedächtnis gerufen, dass es sich um eine Art flaches Lineal handelt, in das ein Glasröhrchen eingelassen ist. Dieses Röhrchen ist mit Wasser oder Öl gefüllt, in dem sich eine Blase befindet. Will man sich nun davon überzeugen, dass ein Regalbrett waagerecht angebracht ist, braucht man die Wasserwaage nur darauf zu legen. Das Brett ist genau waagerecht, wenn die Blase sich exakt in der Mitte des Röhrchens befindet, eine Stelle, die durch zwei Striche auf dem Glas gekennzeichnet ist. Es gibt natürlich auch eine Wasserwaage, mit der sich ermitteln lässt, ob ein Pfosten, eine Mauer oder ein Türrahmen senkrecht ist. Es gibt sogar Wasserwaagen – ich schätze sie, wie immer aus unerklärlichen Gründen, ganz besonders –, welche die waagerechte und senkrechte Lage eines Werkstücks gleichzeitig messen.

Nichts kann Sie leichter davon überzeugen, dass eine dreidimensionale Welt verwirrender ist, als Sie glauben. Stellen Sie sich vor, es ist Ihnen gelungen, ein Regalbrett vollkommen waagerecht anzubringen. Es neigt sich weder nach rechts noch nach links, sondern verläuft, vorbildlich und tugendhaft, vollkommen parallel zum Fußboden und zur Decke (ausgehend von der äußerst optimistischen Hypothese, dass die beiden Flächen parallel sind). In dem Augenblick, da in Ihnen der rechtmäßige Stolz auf den Sieg über die Materie aufsteigt, der Triumph des Geistes über die Dinge, erkennen Sie, dass Ihr Regalbrett sich nach hinten oder nach vorne neigt. Mag es auf der Rechts-links-Achse auch bewundernswert horizontal sein, für die von vorn nach hinten verlaufende Linie gilt das leider nicht.

Mit der Wasserwaage behalten Sie die Situation im Griff. Sie bietet klare Orientierung, unabhängig von allen Unvollkommenheiten des Bodens, allen Schwächen der Wände. Sie zeichnet die Horizontale so sicher und zuverlässig vor, wie der Kompass den Norden oder die Stimmgabel den Kammerton angibt. Die Wasserwaage gehört zur kleinen Familie der Orientierungs-Dinge. Sie bestimmen andere Dinge; sie organisieren und gestalten sie. Dieser organisatorische Charakter weist sie als Verstandes-Dinge aus. Diese

Rolle erfüllt die Wasserwaage geradezu perfekt. Sie führt das Prinzip der Richtigkeit in die Welt ein, geometrisiert die Dinge, unterwirft sie einer materialisierten Abstraktion. Sie verkörpert die Norm und sorgt für deren Wirksamkeit, sie zwingt sie einer Welt auf, die sich dagegen wehrt, die darauf besteht, schief und verdreht zu sein.

Die Wasserwaage ist ein regulatives Ding, ein Ordnungselement. Darin ähnelt sie den Eich-Dingen, den Dingen, die zum Messen dienen und zuverlässige Orientierung bieten, wenn alles andere verschwimmt. Ich erinnere mich an das Urmeter, das allen anderen Metermaßen als Vorbild dient, aus Platin-Iridium ist und in irgendeinem wissenschaftlichen, offiziellen und kostbaren Pavillon aufbewahrt wird. Als Kind fand ich es beruhigend, dass das Meter irgendwo aufbewahrt, bewacht und gepflegt wird. Aber wie steht es mit der Wasserwaage? Wo wird die Waagerechte aufbewahrt? In welchem Pavillon?

Während ich die Regalbretter zwischen den Seitenpfosten befestige, überlege ich, wie es wäre, wenn man eine Wasserwaage für unsere Handlungen erfände. Wie können wir erkennen, ob eine Handlung moralisch ist? Gibt es die Lösung etwa schon? Ist Kant der Erfinder der kategorischen Waage?

Tisch

*In meiner Wohnung,
am selben Abend*

Ich entdecke die Wasserwaage auf dem Tisch im Esszimmer. Wie kommt sie dahin? Habe ich sie dort abgelegt, als das Telefon geklingelt hat? Vielleicht, ich weiß es nicht mehr. Aber der Tisch ist nicht ganz waagerecht. Er neigt sich ziemlich deutlich nach links. Das ist ohne Bedeutung. Offenbar hat das bisher niemand bemerkt. Außerdem muss das Regal zwar exakt waagerecht sein, der Tisch jedoch nicht unbedingt, weil er ein Welt-Ding ist. Er hat nicht nur eine Verwendung, sondern viele. Er ist das Ding, das, zumindest im Westen, am deutlichsten die Merkmale eines Ortes für Menschen aufweist. Um nicht auf dem Fußboden oder den Knien arbeiten und essen zu müssen, hat man einen ebenen, erhöhten Raum parallel zum Fußboden geschaffen, einen zweiten Fußboden, weiter oben, zu unserer Verwendung.

Der Tisch ist eine Zwischenfläche, die sich vom Fußboden löst, aber ihm verbunden bleibt, die die natürliche Welt in Gestalt einer menschlichen Ebene verdoppelt. Diese zweite Welt ist ein Ort für Studien, zum Arbeiten, für Geschäfte, für Mahlzeiten, für Familienzusammenkünfte, unentbehrlich für Feste, Freunde, mittelalterliche Tafelrunden, Anhänger des Runden Tisches, olympische Festmahle, das christliche Abendmahl, den Abschluss von Asterix' Abenteuer. Der Tisch liefert im Westen den Ort für alle geschichtsträchtigen Augenblicke und die Rhythmik des Alltags.

Stellen Sie sich einen Augenblick lang vor, ein unbekanntes Virus würde morgen alle Tische der Welt befallen und sie verschwinden lassen. Alle, ohne Ausnahme. Die niedrigen wie die hohen, die runden, die quadratischen und die rechteckigen, die Garten-, Bridge- und Küchentische, die Büro- und Konferenztische, kurzum alle ohne Ausnahme. Stellen Sie sich vor, über Nacht wäre die Welt, die Menschheit ohne Tische. Schauen Sie sich die Verwüstung an, das Ausmaß der Katastrophe. Sie essen von der Erde, Papiere und Tastatur befinden sich auf dem Teppich, Sie haben nichts mehr, wo Sie irgendetwas abstellen oder ablegen können, die Menschen rotten sich zusammen und diskutieren, Kriege werden geplant, andere brechen aus, man verhandelt auf dem Fußboden, niemand spielt.

Danken Sie den Tischen für ihre unverbrüchliche Anwesenheit, ihr zuverlässiges und schweigsames Vorhandensein, ihre Kumplizität.

Herd

In der Küche,
eines Abends

In Häusern gilt meine besondere Aufmerksamkeit der Küche. Sie ist nicht unbedingt der schönste oder angenehmste Raum, aber immer der interessanteste, der Ort, an dem das Wesentliche stattfindet. In den anderen Zimmern schwätzt man, sitzt man in Sesseln, sieht fern, liest, wäscht sich, liebt sich, bewahrt auf, isst – alles Verrichtungen, die in gewisser Weise auch wesentlich sind. Doch in der Küche nimmt man weitreichende Operationen, Verwandlungen vor. Dort vollziehen sich unzählige Mutationen: Kochen, Emulsion, Aufguss, Vermischung der Substanzen, der Aromen, der Farben, der Texturen. Rasche Zubereitung, kurz gebratenes Fleisch oder langsames Garen. Selbst wenn sie klein, kompakt, auf das Nötigste beschränkt ist, hat die Küche etwas von einer Zauberhöhle. Sie bleibt der Ort der Geheimnisse, der Kunstfertigkeit und der Intuition, ein Ort, wo imaginiert und erfunden wird, wo die Nahrungsmittel aus dem Urzustand der menschlichen Sphäre anverwandelt werden.

Heute habe ich sehr wenig Zeit. Zu viel Arbeit vor dem Urlaub, zu viele Fragen, die noch vor dem allgemeinen Aufbruch zu klären sind. Nur ein Omelett, so nebenbei. Eier, Kräuter, ein Stück Käse, ein bisschen Pfeffer, ein paar Tropfen Öl. Der Herd, massig, schwer, wie es sich gehört, kompakt, schwarz, nicht zu ausladend.

Ich kenne seine Geschichte nicht. Wer hat den Kochherd erfunden? Er hat sicherlich eine sehr alte Geschichte, die sich im Dunkel der Zeit verliert. Im Augenblick interessiert mich nur der wunderbare Einfallsreichtum des Herdes. Er trennt die Lebensmittel vom Feuer und überträgt die Hitze. In gewisser Weise scheint er die Eigenschaften verschiedener Dinge in sich zu vereinigen: der Schale (Gefäßfunktion, Beendigung des Verströmens), des Tisches (ebene Fläche, über den Flammen, Verdoppelung des Fußbodens) und auch der Sandale (Schnittstelle, Mittler, Grenz-Ding). Einzigartig ist der Herd indessen darin, dass er die Wärme überträgt, verteilt und streut: Das Omelett gerät an den Rändern genauso gut wie in der Mitte.

Kennen Sie etwas anderes, das gleichzeitig trennt und überträgt? Das Isolator und Leiter zugleich ist? In der Lage, zu empfangen, zurückzuhalten und zu verwandeln? Möglicherweise hat unsere Haut der Welt gegenüber eine ähnliche Funktion wie der Herd. Eine etwas dunkle Hypothese.

Rasierapparat

Im Badezimmer,
an einem Sommermorgen

Die letzten Tage vor dem Urlaub sind immer ein merkwürdiger Augenblick: Es gibt mehr zu tun als sonst, viele Aufgaben abzuschließen, um in Ruhe abreisen zu können, und doch ist man schon woanders, fast jedenfalls. Beschäftigt und entwöhnt zugleich. Um alles zu schaffen, muss ich sehr früh aufstehen. Es ist schon hell, aber noch nicht sehr lange. Für mich, der ich morgens andere Planeten als die Erde bewohne, ist das eine sehr ferne Galaxienlandschaft. Dünne Luft, grelles Licht. Ich suche Zuflucht im Badezimmer, bedecke das Gesicht mit Rasierschaum, in der Hoffnung, wenigstens wieder in das Sonnensystem einzutreten.

Der Rasierapparat ist da. Das ist gut. Ich bin ihm sehr dankbar. Ich weiß wohl, dass dies eine allgemeine Eigenschaft der Dinge ist. Sie bleiben. Man kann zwar nicht direkt sagen, dass sie warten, aber sie harren aus. Sie sind dort, wo sie sind, stets bereit. Ich empfinde ausgesprochene Dankbarkeit gegenüber diesem kleinen Rasierapparat. Ich weiß nicht, von wo ich komme, ich weiß noch nicht einmal, ob ich schon zurück bin, ich habe mich selbst im Stich gelassen, die Welt fehlt, es fehlt an allem, an Konsistenz, Existenz, Konstanz, und ich frage mich, wo und wann die Wirklichkeit zurückkehren wird, die schlichte und regelmäßige Normalität. Trotzdem macht es mich verrückt, mehr oder weniger jedenfalls. Aber er hier, der Rasierapparat, der ist da, normal, vernickelt, zuverlässig, derselbe Ort, dasselbe Aussehen, alles beim Alten. Klein, aber tapfer.

Ich halte ihn unter warmes Wasser. Beim Rasieren werde ich etwas wacher, kaum, aber doch ein wenig. Bei diesem neuen Modell besteht so gut wie keine Gefahr mehr, dass ich mich schneide. Die Haut wird kaum berührt, trotzdem machen die Stoppeln einer weichen, glatten Fläche Platz. Plötzlich muss ich an die Sense denken, an den Schrecken der Sense und an den Terror der Klingen, die Drohung der Blankwaffen. Hier ist das Durchtrennen gezähmt. Geschützt, unter Kontrolle. Der Rasierapparat schneidet, ohne zu verwunden. Er gleitet über die Oberfläche. Meine Dankbarkeit gegenüber diesem so exakten, so sicheren Ding nimmt zu. Es ist absolut unentbehrlich. Wie sollte man sich ohne Rasierapparat rasieren? Man müsste warten, bis der Bart sprießt, und den Mut haben, ihn sich Büschel für Büschel auszureißen, wie es die Dschainas in Indien mit den Haaren der Mönche machen, die in ihren Orden eintreten. Ich weiß nicht, ob das, was mit den Kopfhaaren geht, auch mit dem Bart möglich ist. Auf jeden Fall wäre es außerordentlich schmerzhaft, sogar blutig. Die Dankbarkeit gegenüber dem Rasierapparat kennt keine Grenzen mehr.

Als ich die Klinge abspüle, verteilen sich die mit dem Schaum vermischten Bartstoppeln im Waschbecken. Teile des Körpers oder bereits Dinge? Wer versucht, über die Beziehungen zwischen uns und den Dingen nachzudenken, ist gut beraten, wenn er sich mit der fortwährenden Dingwerdung unseres Körpers beschäftigt. Ständig lösen sich kleine Parzellen von Körperhaar, Haut, Kopfhaar und Nägeln ab. Als ginge der Körper an seinen Rändern unaufhörlich und unmerklich in die Welt der Dinge über.

Buch

Zu Hause,
   an einem Sonntag im Sommer

Ich benutze das neue Regal, um Ordnung in meine Bücher zu bringen. Das tue ich in regelmäßigen Abständen, vor allem im Urlaub. Diese seltsamen Objekte, die Bücher, müssen geordnet sein, wenn der Kopf frei sein soll. Unter ihnen zu leben erzeugt ganz bestimmte Verhaltensweisen. Dieses Ding hat so wenig Ähnlichkeit mit anderen, dass man auf alles gefasst sein muss. Einerseits besteht es nur aus Papier, Pappe und Klebstoff, ein Ding wie andere, das wiegt, altert, fällt, reißt oder schmutzig ist und unter Umständen auch brennt. Darüber hinaus ist es aber auch eine Stimme, ein Gesicht, eine Geschichte, eine Idee, eine Erinnerung, ein Angriff, ein Kampf, eine Existenz, eine Dummheit, ein Geniestreich, eine Fundgrube an Wissen, eine Vergangenheitsbeschwörung. Jedes dieser Bücher hat seine Identität, seine Kopfhaltung, sein Auftreten. Ich kann sie beim besten Willen nur als Menschen betrachten. Zugegeben, ziemlich merkwürdige Menschen, trocken, rau, bedruckt, paginiert, scheinbar unerschrocken, trotzdem Menschen, fähig zum Sprechen und Entscheiden, zu finsteren Verschwörungen und beispiellosen Leidenschaften. Diese Ding-Menschen unterhalten eine sehr enge Verbindung zu meinem Körper, die sich nur schwer beschreiben lässt. In gewisser Weise sind sie Erweiterungen meines Körpers, sozusagen empfindungslose Körperteile, die trotzdem in das physische Gedächtnis und ins Gemüt selbst eingeschrieben sind.

Ich weiß von fast allen meinen Büchern, wo sie sind, selbst nach Jahren noch, trotz mehrerer Umzüge und vieler Umräumaktionen. Ich erinnere mich auch, von wenigen Ausnahmen abgesehen, an alle Bücher, von denen ich mich im Laufe der Zeit trennen konnte, und das sind eine Menge, ganze Lastwagen voll. Von diesen verschwundenen Bibliotheken bleibt mir gelegentlich noch eine schattenhafte Anwesenheit, vermutlich nicht unähnlich den »Phantomgliedern« Amputierter. Im Grunde unterscheide ich nicht deutlich zwischen den Regalen, auf denen alle diese Gesichter aufgereiht sind, und dem, was man gemeinhin »Ich« nennt. Bis zu einem gewissen Grad empfinde ich mich tatsächlich selbst als diese senkrecht aufgereihten Blätter, jedes mit seiner eigenen Kontur, seinem Profil, seiner Geschichte.

Wenn ich die aufgehäuften Stapel, zusammengetragenen Titel, im Zuge der Arbeit durcheinander geworfenen Bände ordne, habe ich daher immer das Gefühl, in meinem Kopf aufzuräumen. Ich mache Ordnung in meinem Inneren, entwirre die Knäuel und Knoten. Wenn sich die Bücher stapeln oder beliebig aneinander reihen, was fast ständig geschieht, kommt es mir vor, als befände sich mein Verstand in einem chaotischen Zustand, was im Allgemeinen auch der Fall ist.

Eine Frage, die mich ständig beschäftigt, lautet: Wie machen es die Bücher, dass sie ruhig nebeneinander stehen können? In gewisser Hinsicht ist das normal und verständlich: Schließlich bestehen sie nur aus Papier, Klebstoff und Pappe. Keine Gefahr einer Revolte. Berücksichtigen wir indessen, dass wir es auch mit Menschen und Geschichten zu tun haben, ist diese Tatsache unbegreiflich. Ich bin sehr erstaunt, dass man nie von Raufereien unter Büchern hört. Häufig stehen feindliche Texte Seite an Seite, in enger Berührung. Man sollte erwarten, dass das Regal am nächsten Morgen Spuren der Verwüstung zeigt, ramponierte Einbände, das eine oder andere Buch vielleicht sogar in Fetzen. Aber nein. Nichts dergleichen, nie. Verstehe das, wer will ...

CD

Zu Hause,
im Aufbruch

Zeit, die Koffer zu packen. Wenn ich in den Sommerurlaub fahre, suche ich die Musik aus, die ich mitnehmen will. Wie alle Welt, auf jeden Fall wie Millionen und Abermillionen Menschen auf dieser Erde. Allerdings mit dem schlichten Gedanken, dass der Vorgang noch vor wenigen Generationen vollkommen unmöglich gewesen wäre. Einst wurde die Musik direkt erzeugt. Man spielte auf Instrumenten an der Straßenecke, auf Plätzen, in Kirchen oder in Salons. Man konnte sie nicht festhalten, unter dem Arm oder in der Reisetasche davontragen. Abgesehen von den wenigen Menschen, die eine Partitur lesen konnten, aber das war Musik zum Lesen, Musik ohne Töne. Dann kamen Grammofon und Nadeln, Wachsrollen, die Schellackplatten, Magnetbänder, Vinyl, Kassetten. Bis dieses fast überirdische, schillernde, zugleich geheimnisvolle und vertraute Gebilde seinen Eroberungszug begann, das wir als optische Speicherplatte, Compact Disc oder CD bezeichnen. Eine fein ziselierte Silberscheibe, glänzend, durchscheinend, unveränderlich. Dieses wunderschöne Ding, das so reserviert, so unzugänglich erscheint und mehrere Stunden Musik enthält. Immer gleich. Im Prinzip unverwüstlich. Bar aller Verzerrung. Ding ohne Fehler. Ding, das mit Licht funktioniert, mit dem Prisma, mit dem Regenbogen – sehr verwirrend. Ein unverderbliches Ding, das an Sphärenmusik, die vollkommene Welt der Sterne denken lässt.

Eine Scheibe, die zugleich neu und unendlich alt ist. Die Sonnenscheibe der Ägypter, Ra als dünnes Kunststoffgebilde, das alle denkbaren Töne in sich trägt, sie alle dort eingeschrieben, zusammengedrängt und mit einer dünnen, durchsichtigen Haut überzogen. Das technische Ding ist zugleich ein Ding voller Geheimnis. In Zeitschriften und Zeitungen bin ich Hunderte von Malen in überaus didaktischen Artikeln darüber belehrt worden, wie und warum die Sache funktioniert. Da ist die Rede von Codierung, Digitalisierung, Wiederherstellung des Signals. Das vergesse ich wieder, es interessiert mich nicht, alles bleibt magisch und unverständlich, sobald das starre, kreisförmige Blatt von dem Gerät verschluckt wird und die Musik ertönt, die Bläser und die Stimmen, der Jazz oder die Kammermusik.

Dabei ist das eine alte, überholte Glanztat, ein fast lächerliches Überbleibsel. Inzwischen leistet diese Scheibe mit den überirdischen Lichtreflexen hundertmal mehr. Nicht nur Töne speichert sie, sondern auch Bilder, Fotos, Gemälde, ganze Museen. Außerdem Filme, Videos, vollständige Sendungen, alle Archive der Welt. Texte, Bücher, Enzyklopädien, Karten, ganze Bibliotheken, in allen nur denkbaren Sprachen, lebenden und toten. Dieses schillernde Plastikding ist im Begriff, das Ding universeller Absorption zu werden, das Ding, das zur Aufnahme aller Bilder und Texte bestimmt ist, das Ding, in das sich die Gesamtheit der Musikproduktionen, Filme, Literaturen, Gemälde und Fotografien stürzt.

Ich stelle mir vor, dass sich eines Tages alles darin befindet. Absolut alles, vom Urknall bis zu den letzten Galaxien, das ganze Universum, codiert, kompaktifiziert, graviert, reduziert zu einer kleinen Scheibe, die sich in der Tasche davontragen lässt. Aber *wer* trüge sie dann?

Fliegenklatsche

Am Mittelmeer,
an einem Sommerabend

Das Ding liegt auf dem Rand des Spülbeckens, in einem Haus, das auf einer Klippe ins Meer hinausragt und in dem ich eine Zeit lang wohne. Ein solches Blau wie hier gibt es meines Wissens nur am Mittelmeer. Das kurze, flache Kunststoffrechteck ist gelb, wabenförmig und befindet sich an einem langen, biegsamen Stiel. Es ist eine Fliegenklatsche, die moderne Kopie eines alten Gebrauchsgegenstandes, den man verwendete, bevor man die Insektizide, Aerosole und Sprays hatte, bevor die bläulichen Lampen die Fliegen über Nacht grillten und die Neuzeit ihre chemische Weltherrschaft antrat.

Dieses archaische Ding besitzt absolut keinen praktischen Wert. Es ist so gut wie unmöglich, damit eine Fliege zu töten. Auch nur eine unter tausend. Was umso merkwürdiger ist, da die alten Dinge normalerweise an ihre Funktion besonders gut angepasst sind.

Man muss das Problem unter einem anderen Blickwinkel sehen. Die Fliegenklatsche ist von ihrer Konstruktion her auf Nutzlosigkeit angelegt. Sie ist nicht dazu bestimmt, die

Insekten zu töten. Sie verkörpert einen Protest, eine Geste der Ablehnung. Zorn. Die Fliegenklatsche sagt, dass es reicht mit dem albernen Gesumme. Dass diese Tiere unangenehm, schmutzig und dumm sind. Dass man ihnen die Anwesenheit gerne verweigern, sie entfernen würde. Dass es keinen Dialog mit den Fliegen gibt. Durch die Geste der Fliegenklatsche sollen die Fliegen Reißaus nehmen, die Drohung steht im Raum, dass sie sie erbarmungslos zerquetschen, platt machen, zermanschen werde. Natürlich krümmt sie nicht einem einzigen der Tierchen ein Haar. Aber sie klatscht und macht Wind, damit sie sich auf immer entfernen. Und siehe da, es funktioniert. Die Fliegenklatsche ist kein nützliches Ding, jedenfalls nicht in direkter Weise. Sie ist eine reine Geste, nichts anderes. An dieser Stelle abgelegt, ist sie ohne Bedeutung, fast absurd. Zur Fliegenklatsche wird sie erst, wenn man sie in die Hand nimmt, bewegt, mit ihr nach den lästigen Insekten schlägt, die sich in der Zwischenzeit längst davongemacht haben. Sie macht ihrem französischen Namen – *chasse-mouches* – alle Ehre, denn sie stellt die ungestörte Stille her, indem sie lediglich jagt, ohne die Beute jemals zu erwischen oder zu töten.

Da haben wir also das philosophische Ding par excellence. Auch die Philosophie bleibt ohne direkte Nützlichkeit, ohne Resultat. Auch sie bleibt reine Geste, dazu da, in die Hand genommen und bewegt zu werden, Störungen abzuwenden und Stille herzustellen. Zweifellos hat man viel zu selten bemerkt, dass die philosophische Geste eher durch die Fragen charakterisiert wird, die sie ausklammert, als durch die Fragen, die sie stellt. Großenteils besteht die philosophische Methode zumindest meiner Meinung nach darin, Fragen fortzujagen, sie in die Flucht zu schlagen, ihnen mit einem trockenen Schlag Beine zu machen. Man stelle sich die Philosophen doch bitte nicht als Menschen vor, die sich um all das Geschwätz der Geistesgeschichte kümmern. Kategorisch verweigern sie sich allen Fragen, die ihnen sinnlos, lästig oder abstoßend erscheinen.

Die Fragen-Klatsche der Philosophen setzt eine trockene Gewalt voraus: Man lässt ein Problem, ein ganzes Weltbild fallen, ohne ein Wort, ohne eine Rechtfertigung, hört nicht auf die heimtückischen Fragen, leiht ihnen noch nicht einmal ein Ohr. Sich dauerhaft, hartnäckig, fast stumpfsinnig taub zu stellen für alle Einwände – heißt das vielleicht denken?

Und Sie?

Man muss ein Experiment beenden können. Dieses hier könnte ewig weitergehen und das Tagebuch der Dinge endlos fortgeführt werden. Ich höre auf. Die unendlichen Geschichten müssen abgebrochen werden. Nun ist es an Ihnen, fortzufahren, mit Ihren Dingen, vermutlich anderen, vielleicht auch den gleichen, die bei Ihnen jedoch andere Gedanken auslösen. Das ist umso gewisser, als der Idee des Dinges etwas Unbestimmtes anhaftet, das sich unmöglich auflösen lässt. Es ist nun an Ihnen, herauszufinden, was Ihnen diese einfache Frage offenbart: »Also, wie stehen die Dinge?« Sie bleibt unbeantwortet.

Ich für meinen Teil habe heute einige Elemente einer Antwort. Die Dinge? Nun ja, die Dinge, sie stehen am Meer, sie stehen in der Schule, sie stehen zu Hause, sie stehen hervorragend, es steht schlecht um sie, sie stehen am Ende wie am Anfang, sie stehen dort, wo Sie sind, und dort, wo Sie nicht sind. Das ist alles, was ich Ihnen sagen kann.

Wenn Sie meinen, das wären Albernheiten, ich würde Beliebiges behaupten, ich würde mit Worten spielen, so haben

Sie zwar nicht Unrecht, und dennoch habe ich allen Grund, so zu verfahren: Ich habe im Laufe dieses Jahres gelernt, dass sich nur mitteilen lässt, wie es um die Dinge steht, indem man provoziert, in der Sprache, im Kopf, mit Gedankensplittern, Funken.

Lassen Sie mich noch einmal feststellen, dass es weder gut noch schlecht um die Dinge steht, dass sie nie krank oder gesund sind, dass es, selbst wenn sie kaputt oder zerstört sind, um sie steht, wie es eben um sie steht, dass sie sind, wie sie sind, unschuldig und absurd. Alles andere sind Illusionen, die durch unseren Standpunkt und unsere Sprechweise hervorgerufen werden.

Ich füge hinzu, dass sie häufig unsere Gedanken tragen, sie auslösen, sie auch werden. Beispielsweise haben Sie kaum eine Möglichkeit, sich von komplizierteren Objekten ohne fremde Hilfe eine Vorstellung zu machen: etwa von Bibern, höfischen Sitten der Samurai, Prachtgewändern der Eskimos, deutschen Ritterrüstungen, steinzeitlichen Begräbnisgebräuchen oder Ähnlichem. Es sei denn, Sie stoßen zufällig in einem Museum oder Trödelladen auf dieses oder jenes Ding, das eine oder mehrere dieser Wirklichkeiten evoziert. Es gibt eine Vielzahl von Gedanken, die wir nur durch die Dinge, durch die Begegnung mit ihnen haben. Diese Abhängigkeit ist zugleich willkürlich und tiefreichend.

Schließlich noch ein Punkt, auf den ich großen Wert lege: Unsere Einstellung zu den Dingen lässt auf unsere Beziehung zu uns selbst schließen. Wenn sie uns faszinieren und gefangen nehmen, wissen wir nicht mehr, wo wir sind. Auch wenn wir die Dinge ablehnen oder verachten, sind wir nicht bei uns selbst. Wir müssen einen Mittelweg finden, immer bereit, den Dingen zu begegnen, darauf gefasst, dass sie sich in unsere Angelegenheiten mischen, in unseren vermeintlich freien Raum eindringen. Wir sind nur in der »Mitte« unser selbst, wenn wir ertragen, dass es eine solche Mitte nicht gibt.

Sie möchten wissen, wie es um die Dinge steht? Ganz einfach: Es steht um sie genauso wie um Sie selbst. Jedes Ding ist nach dem Maß des Menschen gemacht. An Ihnen ist es, nicht zu verschlossen und nicht zu instabil zu sein. An Ihnen ist es, die Dinge zu lieben wie sich selbst.

Ehe ich es vergesse: Heute Morgen traf ich zufällig jenen Mann, dem ich die Frage verdankte. Er reichte mir die Hand und sagte: »Hallo, wie geht es Ihnen?«